Elsbeth Bihler

Symbole des Lebens –
Symbole des Glaubens I

Elsbeth Bihler

Symbole des Lebens – Symbole des Glaubens

Band I: Licht – Feuer

Werkbuch für Religionsunterricht und Katechese

Lahn-Verlag Limburg

Die Deutsche Bibliothek – CIP-Einheitsaufnahme

Bihler, Elsbeth:
Symbole des Lebens – Symbole des Glaubens:
Werkbuch für Religionsunterricht und Katechese/
Elsbeth Bihler. – Limburg: Lahn-Verlag
Bd. 1. Licht – Feuer. – 3. Aufl. – 1998
ISBN 3-7840-3099-8

Wir danken den Autorinnen und Autoren sowie den Verlagen
für die uns freundlicherweise erteilten Abdruckgenehmigungen.

Gedruckt auf chlorfrei gebleichtem,
umweltfreundlichen Papier.

3. Auflage 1998

© 1992 Lahn-Verlag Limburg
Lektorat: Dr. Stefan Ohnesorge
Umschlaggestaltung: Harald Gliesche
Umschlagfoto: Andreas Walker, CH-Zürich
Litho: Pallottinerdruck, Limburg
Notensatz: Musikbär Verlag, Schriesheim
Satz: Typo Schröder, Dernbach
Druck: Clausen & Bosse, Leck
Abdruck, auch auszugsweise, nur mit Genehmigung des Verlags.

ISBN 3-7840-3099-8

Inhalt

Sterne

Regenbogen

Himmel

Wolke

Wind

Feuer

Vorwort

Menschen zu einem Leben aus dem Glauben zu befähigen, ist ein wichtiges Ziel von Katechese und Religionsunterricht. Wenn Menschen glauben wollen, müssen sie ihren Glauben kennen und die wichtigsten Glaubensaussagen wissen. Allein durch Wissensvermittlung kann es aber nicht gelingen, Menschen den Zugang zum Glauben zu eröffnen. Ein Glaube, der nicht auch im Alltag und im konkreten Leben erfahrbar wird, trägt nicht.

Damit Glaube tragfähig wird, müssen Menschen sensibel werden für ihre Umwelt. Sie müssen den Grund ihres Lebens aufspüren und Zeichen erkennen können, in denen ihnen Leben und Glaube erschlossen werden.

Eine wichtige Quelle für das Verständnis des Glaubens sind Zeichen, Bilder und Symbole, in denen etwas von der Wirklichkeit Gottes und seiner Beziehung zum Menschen aufscheint. Nicht zuletzt deshalb redet die Bibel an vielen Stellen in Bildern und Symbolen. Es handelt sich dabei meistens um Urbilder und Ursymbole, die den Menschen der damaligen Zeit zugänglich und verständlich waren.

Heute fällt es Menschen oft schwer, über alltägliche Dinge zu staunen und darin ihre eigene Lebenswirklichkeit oder gar eine Ahnung Gottes zu erkennen. Zeichen und Symbole unserer Gottesdienste z.B. werden oft nicht mehr verstanden. Was aber nicht verstanden wird und deshalb nicht mitvollzogen werden kann, wird uninteressant. Urbilder und Ursymbole, die in jeder menschlichen Kultur bisher eine wesentliche Bedeutung hatten, müssen daher wiederentdeckt und für die Menschen unserer Zeit neu erschlossen und erfahrbar gemacht werden.

»Symbole des Lebens – Symbole des Glaubens« will dazu einen praktischen Beitrag leisten. Es ist keine wissenschaftliche Ergründung von Symbolen beabsichtigt, vielmehr werden praktische Anregungen vermittelt, die helfen sollen, Menschen den Glauben über den Zugang der Symbole näherzubringen.

Bei dieser Erschließung geht es um die Einbeziehung aller menschlichen Ausdrucksformen in Wort, Bild, Lied, Tanz, Spiel und Aktion, aber auch um die Rückbindung an biblische Bezüge sowie Erfahrungen der Stille.

Jedes der vorgestellten Symbole bildet deshalb ein eigenes Kapitel und ist nach folgenden Abschnitten gegliedert:

1. Einführung in das Symbol
2. Biblische Bezüge
3. Geschichten/Texte
4. Lieder/Tanz und Musik
5. Bilder
6. Gestalten/Malen/Basteln
7. Stilleübungen
8. Spiel und Aktion.

Wegen der Fülle der Symbole und der Vielfalt der Ausdrucks- und Erfahrungsmöglichkeiten werden die praktischen Anregungen in 3 Bänden erscheinen.

Im vorliegenden ersten Band geht es um die Grunderfahrung von Licht (und Dunkelheit), die konkretisiert wird in der Symbolik von Sonne, Mond, Sternen. Das farbige Lichterspiel des Regenbogens leitet über zum Symbol Himmel, das dann weiterführt zu Wolke, Wind, Feuer.

Allen, die in Religionsunterricht und Katechese tätig sind, will dieses Werkbuch konkrete Möglichkeiten aufzeigen, Symbole für Kinder, Jugendliche und Erwachsene in vielfältiger Weise zu erschließen und erfahrbar zu machen.

Elsbeth Bihler

Licht (und Dunkelheit)

1. Einführung in das Symbol

Lichtsymbolik erleben wir in sehr vielschichtiger Weise. Wir begegnen ihr in allen Kulturstufen, bei allen Völkern, in allen Religionen. Licht ist die Quelle des Lebens. Licht bedeutet Leben, Orientierung und Wärme.

Der Gegensatz zum Licht ist Dunkelheit. Sie bedeutet Orientierungslosigkeit, Bedrohung, Todesgefahr. Wie froh müssen Menschen gewesen sein, als sie in der Lage waren, durch Feuer selbst Licht in Dunkelheit zu bringen.

Die Götter (z.B. bei den Griechen) wohnen im Licht, strahlende Helligkeit repräsentiert die Gottheit. In manchen Religionen ist der Glaube verbreitet, daß die Gottheit selbst Licht ist.

Auch im Christentum ist die Lichtsymbolik von grundlegender Bedeutung. So wird z.b. die Herrlichkeit Gottes mit einem unbeschreiblichen Lichtglanz verglichen, wie in der Erzählung von der Verklärung Jesu auf dem Berg Tabor (vgl. Lk 9). Ähnliche Erlebnisse von Gottesbegegnungen berichten auch die Mystiker(innen). So schreibt z.B. Mechthild von Magdeburg ein Buch mit dem Titel »Das fließende Licht der Gottheit«.

Jesus selbst sagt von sich im Johannesevangelium: »Ich bin das Licht der Welt«, das Licht, das Leben schenkt. Deshalb fordert Jesus auch von denen, die ihm folgen, selbst Licht in der Welt zu sein.

Liturgie und Brauchtum des Kirchenjahres durchzieht die Lichtsymbolik ebenfalls: angefangen beim Adventskranz, dem wachsenden Licht, das seinen Höhepunkt in den vielen Lichtern am Weihnachtsbaum findet, über das Fest der Darstellung des Herrn (»Lichtmeß«) mit der Kerzenweihe bis hin zum feierlichen Licht der Osternacht: Lumen Christi, Christus, das Licht. Kein Gottesdienst ist denkbar ohne Kerzenlicht, und um an die Gegenwart Gottes in der Welt zu erinnern, brennt am Tabernakel das »ewige Licht«.

2. Biblische Bezüge

(1) Der Gegensatz von Licht und Finsternis

Genesis 1,1-5
Psalm 139,11-12
Jesaja 9,1
Johannes 3,19-21
Römer 13,11-12

2 Korinther 4,6
Epheser 5,8-14a
1 Johannes 1,5-7
       2,8-11

(2) Gott ist Licht

Psalm 27,1
Jesaja 60,1-5.19-20
Lukas 2,29-32

Johannes 1,1-11
       8,12
Apostelgeschichte 9,1-9

(3) Licht als Wegweiser

Psalm 119,105

Matthäus 5,14-16

(4) Licht als Lampen

Matthäus 25,1-13

Lukas 11,33-36

3. Geschichten/Texte

(1) Licht sein

In einem Winkel der Welt kauerte verbissen, trotzig und freudlos eine dicke, schauerliche Finsternis. Plötzlich erschien in dieser Not ein kleines Licht, klein, aber ein Licht. Jemand hatte es hingestellt. Es war ganz einfach da und leuchtete. Einer, der vorüberging, meinte: »Du ständest besser woanders als in diesem abgelegenen Winkel.« »Warum?« fragte das Licht. »Ich leuchte, weil ich Licht bin, und weil ich leuchte, bin ich Licht. Ich leuchte nicht, um gesehen zu werden, nein, ich leuchte, weil es mir Freude macht, Licht zu sein.« Aber die düstere Finsternis ging zähneknirschend und wütend gegen das Licht an. Und doch war die ganze große Finsternis machtlos gegen dieses winzige Licht.

Heinrich Lhotzky

Aus: Kurt J. Bucher, Modelle für Schulgottesdienste, Rex-Verlag, Luzern 1978.

(2) Die Halle der Welt mit Licht erfüllen

Es war einmal ein König, der hatte zwei Söhne. Als er alt wurde, wollte er sie auf die Probe stellen. Dem Weiseren von beiden wollte er sein Reich und die Herrschaft übertragen. Er rief seine Söhne zu sich, gab jedem fünf Silberstücke und sagte: »Für dieses Geld sollt ihr die Halle meines Schlosses bis zum Abend füllen. Womit, das ist eure Sache.«
Der älteste Sohn ging davon. Er kam an einem Feld vorbei, auf dem gerade gedroschen wurde. Das Stroh lag nutzlos herum. Er dachte sich: Mit diesem nutzlosen Zeug werde ich die Halle schnell bis zum Abend gefüllt haben! Zusammen mit den Feldarbeitern setzte er diesen Gedanken in die Tat um. Als die Halle voll war, ging er zu seinem Vater und sagte: »Du kannst mir die Herrschaft übertragen, denn es ist noch nicht Abend, und ich habe die Halle schon gefüllt!« Der Vater sagte: »Es ist noch nicht Abend. Ich werde warten.«
Am Abend kam der jüngere Sohn nach Hause. Die Halle wurde vom Stroh geleert, damit er sie nun füllen konnte. Er ging in die Mitte der Halle, stellte eine Kerze dorthin und zündete sie an. Der Schein füllte die dunkle Halle bis in den letzten Winkel hinein. Der Vater sagte: »Du sollst mein Nachfolger sein. Dein Bruder hat fünf Silberstücke ausgegeben, um die Halle mit diesem nutzlosen Zeug anzufüllen. Du hast nicht einmal ein Silberstück gebraucht und hast sie mit Licht erfüllt. Du hast sie mit dem gefüllt, was die Menschen am notwendigsten brauchen.«

(3) Das brennende Herz des Wals

Es war einmal ein dummer und gespreizter Rabe, der zum Meere flog, weit, weit hinaus.
Er flog und blieb am Fliegen, weiter und immer weiter, und als er müde wurde, begann er, nach Land auszuspähen; aber es war kein Land da. Zuletzt war er so müde, daß er sich nur noch schwebend

etwas über der Wasseroberfläche halten konnte. Und als plötzlich ein großer Wal dicht vor ihm auftauchte, wurde er so verwirrt, daß er diesem gerade in den Schlund hineinflog.

Einen Augenblick blieb es dunkel um ihn herum, es sauste und plätscherte, und als er schon glaubte, sterben zu müssen, taumelte er geradewegs in ein Haus hinein, in ein schönes und reizendes Haus, wo es hell und warm war. Auf der Schlafbank saß eine junge Frau und machte sich an einer brennenden Lampe zu tun. Sie erhob sich und ging freundlich auf den Raben zu und sagte:

»Du bist mir als Gast willkommen, wenn du mir nur einen einzigen Wunsch zu erfüllen gelobst: Du darfst niemals meine Lampe anrühren.«

Der Rabe war glücklich, daß er sein Leben gerettet hatte, und beeilte sich, ihr zu versichern, daß er die Lampe niemals anrühren würde. Und dann setzte er sich auf die Schlafbank und wunderte sich, wie fein und rein es in dem kleinen Hause war. Es war ein Haus aus Walfischknochen, gebaut wie die Wohnungen der Menschen, und alles darin war so eingerichtet wie bei den Menschen. Aber eine seltsame Unruhe lag über der jungen Frau; sie saß niemals längere Zeit still; in kurzen Zwischenräumen erhob sie sich von der Schlafbank und schlüpfte zur Tür hinaus. Es dauerte nur einen Augenblick, dann kam sie wieder herein; aber gleich danach war sie wieder fort.

»Was macht dich so unruhig?« fragte der Rabe.

»Das Leben«, antwortete die junge Frau, »das Leben und mein Atemzug.«

Aber diese Antwort verstand er gar nicht.

Der Rabe, der nun zur Ruhe gekommen war und seine Angst vergessen hatte, fing an, neugierig zu werden.

Was kann das sein, daß ich die Lampe gar nicht anrühren darf? dachte er; und jedesmal, wenn die Frau hinausschlüpfte und er allein blieb, bekam er immer größere Lust, sein Versprechen zu brechen und hinzugehen, um die Lampe nur ein ganz klein wenig zu betasten. Zuletzt konnte er seine Neugier nicht länger zügeln, und als die Frau wieder zur Tür hinausschlüpfte, sprang er hin und berührte den Docht der Lampe. Im selben Augenblick taumelte die Frau kopfüber zur Tür herein, fiel auf den Fußboden und blieb da liegen, während die Lampe erlosch.

Zu spät bereute der Rabe, was er getan hatte; er schwankte umher in schwarzer Finsternis, und das schöne, helle Haus war nicht mehr da.

Er war nahe daran zu ersticken. Er irrte zwischen Speck und Blut umher, und so heiß wurde es, daß seine Federn abfielen. Halberstickt taumelte er im Bauch des Wales umher, und nun erst begriff er, was geschehen war.

Die junge Frau war die Seele der Walin, und sie schlüpfte zur Tür hinaus in die frische Luft, jedesmal, wenn die Walin Atem schöpfen mußte, und ihr Herz war eine Lampe mit großer und ruhiger Flamme. Der Rabe hatte aus bloßer Neugier das Herz der jungen Frau berührt, und darum war sie gestorben. Er wußte nicht, daß das Feine und Schöne auch zerbrechlich, vergänglich und leicht zu vernichten ist, denn er selbst war dumm und von zähem Leben; und nun kämpfte er um sein Leben in Finsternis und Blut. Alles, was zuvor schön und rein war, war nun häßlich und übelriechend geworden.

Endlich glückte es ihm, auf dem gleichen Wege hinauszuschlüpfen, auf dem er hereingekommen war, und da saß er, ein halbnackter Rabe, beschmiert und besudelt, auf dem Rücken eines toten Wals.

Hier blieb er sitzen und lebte vom Aas, während ihn Wind und Wellen hin- und herwarfen. Seine Flügel waren zerbrochen durch Hitze und Blut, so konnte er nicht mehr fliegen.

Ein Sturm trieb ihn endlich ans Land, und die Menschen sahen den toten Wal und ruderten in ihren Frauenbooten hinaus, um Fleisch und Speck zu bergen. Als der Rabe sie sah, verwandelte er sich augenblicklich in einen Mann, in einen kleinen, häßlichen, dunkelhäutigen und zerzausten, struppigen Mann, der oben auf dem Wale stand. Er sprach gar nicht davon, daß er aus lauter Neugier ein Herz angerührt und etwas Feines und Schönes zerstört hatte; er prahlte nur überheblich: »Ich bin es, der den Wal getötet hat! Ich bin es, der den Wal getötet hat!«

Und er wurde ein großer Mann unter den Menschen.

Knud Rasmussen

Aus: Knud Rasmussen, Die Gabe des Adlers, Eskimomythen aus Alaska (Documenta ethnographica Bd. 2), Clemens Zerling Verlag, Berlin 2. Auflage 1988.

(4) Die vier Kerzen

Vier Kerzen brannten am Adventskranz. Es war ganz still. So still, daß man hörte, wie die Kerzen zu reden begannen. Die erste Kerze seufzte und sagte: »Ich heiße *Friede*. Mein Licht leuchtet, aber die

Menschen halten keinen Frieden, sie wollen mich nicht.« Ihr Licht
wurde immer kleiner und verlosch schließlich ganz. Die zweite Kerze
flackerte und sagte: »Ich heiße *Glaube*. Aber ich bin überflüssig. Die
Menschen wollen von Gott nichts wissen. Es hat keinen Sinn mehr,
daß ich brenne.« Ein Luftzug wehte durch den Raum, und die zweite
Kerze war aus. Leise und sehr traurig meldete sich nun die dritte
Kerze zu Wort. »Ich heiße *Liebe*. Ich habe keine Kraft mehr zu brennen. Die Menschen stellen mich an die Seite. Sie sehen nur sich selbst
und nicht die anderen, die sie liebhaben sollen.« Und mit einem letzten Aufflackern war auch dieses Licht ausgelöscht. Da kam ein Kind
in das Zimmer. Es schaute die Kerzen an und sagte: »Aber, aber ihr
sollt doch brennen und nicht aus sein!« Und fast fing es an zu wei-
nen. Da meldete sich auch die vierte Kerze zu Wort. Sie sagte: »Hab
keine Angst, solange ich brenne, können wir auch die anderen Kerzen wieder anzünden. Ich heiße *Hoffnung*.« Mit einem Streichholz
nahm das Kind Licht von dieser Kerze und zündete die anderen
Lichter wieder an.

Elsbeth Bihler

Aus: Elsbeth Bihler, Kommt und seht. Werkbuch zur Erstkommunion- und Beichtvor-
bereitung für Eltern und Kinder, 2. Auflage 1992, © Lahn-Verlag, Limburg.

(5) Das Adventslicht

Ob sie das vielleicht mit nach Hause nehmen dürfte, fragte sie und
hielt den kleinen Kerzenständer aus Stanniol, der auf ihrem Tisch
gestanden hatte, in ihren alten, zittrigen Händen. Die Kinder hatten
die Kerzenständer für die Altenfeier im Pfarrsaal gebastelt, und die
Kerze darin war fast heruntergebrannt.
Frau Heldmann nickte ihr freundlich zu. Dann wandte sie sich wieder der Arbeit zu, die sie mit anderen Frauen heute nachmittag über-
nommen hatte. Sie legte die übriggebliebenen Kuchenstücke zusammen auf einen Teller und stellte dann die Kaffeetassen ineinander.
Eine Stunde würden sie noch brauchen, bis alles wieder gespült und
aufgeräumt war.
Die alte Frau verpackte den Stanniolständer mit dem winzigen Ker-
zenrest sorgsam in ihrer Handtasche und ging dann mit müden
Schritten dem Ausgang zu. Man hatte ein Taxi für sie bestellt, damit
sie sicher und bequem nach Hause käme.

Später stellte sie das kleine Licht dort zu dem Platz, an dem sie nun seit über drei Monaten allein ihr Essen einnahm. Sie kochte sich einen Tee und zündete die kleine Kerze wieder an, bevor sie sich davorsetzte. Eigentlich hatte sie in diesem Jahr mit Advent und Weihnachten nichts im Sinn gehabt. Seitdem ihr Mann im Herbst gestorben war, war ihr ihre Einsamkeit von Tag zu Tag schmerzlicher bewußt geworden. Die Kinder waren weit weg. Sicher würden sie sie zu Weihnachten einladen. Aber sie war sich nicht sicher, ob sie diese Einladung annehmen würde. Sie war Weihnachten noch nie von zu Hause fort gewesen. Der Schmerz war noch zu groß. Damit wollte sie Weihnachten niemanden belasten. Hier zu Hause hatte sie nichts vorbereitet, was auf Advent oder Weihnachten hindeutete. Nein, sie wollte möglichst wenig von der vorweihnachtlichen Zeit mitbekommen, um das Alleinsein nicht noch härter zu empfinden. Nur zögernd hatte sie die Einladung der Kirchengemeinde zur Altenfeier angenommen. Und das auch erst, nachdem sie zweimal bei ihr gewesen waren und sogar das Taxi versprochen hatten.

Jetzt blickte die alte Frau in die fast ausgebrannte Kerze und erinnerte sich daran, wie schön der Nachmittag doch gewesen war. Seit langer Zeit hatte sie wieder einmal gelacht, als die Kinder das Spiel von der verlorenen Nikolausmütze spielten. Sie hatte sich an Zeiten erinnert gefühlt, als ihre eigenen Kinder noch klein waren, als sie noch eine richtige Familie waren. Als ihr bewußt wurde, daß die Kerze am ausbrennen war, stand sie schnell auf und suchte in einer Schublade nach einer anderen. Und als sie sie in den kleinen Ständer steckte und anzündete, da spürte sie deutlich, daß dieser Tag anders war als all die Tage vorher. Ein bißchen freudiger, hoffnungsvoller.

Später rief sie ihre Tochter in Hamburg an. Sie erzählte von der Adventsfeier, berichtete von dem Spiel der Kinder und von dem kleinen Kerzenständer, den sie mit nach Hause genommen hat. Und als ihre Tochter sie fragte, ob sie nicht doch an Weihnachten zu ihnen kommen wollte, da wehrte sie nicht mehr ab, sondern fragte: »Wird es nicht zu eng bei euch, wenn ich komme?«

Rolf Krenzer

Aus: Rolf Krenzer (Hg.), Weihnachten ist nicht mehr weit. Advent-Werkbuch für Familie, Schule und Gottesdienst, Lahn-Verlag, Limburg 4. Auflage 1992, Rechte beim Autor.

(6) Die vier Lichter des Hirten Simon

Zweitausend Jahre ist es nun schon her, da hütete der Hirte Simon im fernen Land Galiläa die Schafe. Es war ein grauer Tag. Schwere Nebel lagen über dem Boden. Abdon, der Mann, dem die Schafe gehörten, schaute vergeblich nach der Sonne aus. So schickte er die Hirten Jakob und Simon auf eine höher gelegene Wiese. Dort, über dem Nebel, sollten sie die Schafe weiden.

Simon drängte sich an Jakob. Im dichten Nebel war es ihm unheimlich. Er war noch jung, erst neun Jahre alt. Jakob war groß und stark. Schützend legte er Simon den Arm um die Schultern.

Da sprang ein schneeweißes Lamm herbei. Es blökte ängstlich. Jakob nahm das Lamm und legte es Simon in die Arme. »Hier«, sagte er. »Du darfst unser kleinstes Lamm tragen. Hüte es gut!«

Simon freute sich und ließ das Lamm nicht aus den Augen. Nachts durfte es sogar unter seinem Mantel schlafen. Das gab beiden Wärme und Zutrauen.

Sechs Tage blieben Jakob und Simon auf den Hügeln, dann wurde es Zeit, die Schafherde für die Heimkehr zusammenzutreiben. Die Wiesen waren abgegrast, Abdon mußte ihnen eine neue Weide zuweisen. Simon wollte helfen. Doch Jakob schüttelte den Kopf. »Du und das Lamm, ihr ruht euch aus, bis ich die Schafe beieinander habe.«

Simon war froh. Das Lamm hatte ihn ganz schön auf Trab gehalten. Immer wieder war es davongelaufen und mußte eingefangen werden. Simon ließ sich unter einem Olivenbaum nieder und schloß müde die Augen. Das Lamm kuschelte sich dicht an ihn.

Da breitete sich ein wundersamer Duft aus, ein Duft von Rosen, Lilien und Mandelblüten. Simon versuchte, die Augen zu öffnen, aber die Lider waren zu schwer. Jetzt glaubte er, auch einen fröhlichen Gesang zu hören. Immer deutlicher. Dann trat plötzlich die Stille ein. Auch der süße Duft verflüchtigte sich.

Endlich gelang es Simon, die Augen zu öffnen. Vor ihm stand Jakob. Ernst blickte er Simon an und fragte: »Wo ist das Lamm?« Simon erschrak. Eben hatte das Lamm doch noch neben ihm gelegen! Simon sprang hoch. Er rief nach dem Lamm. Er lockte es an. Doch kein vertrautes Blöken antwortete. Er sucht es überall. Vergeblich.

»Komm, wir müssen die Herde heimtreiben«, sagte Jakob. Traurig trottete Simon neben der Herde einher. Wo war sein Lamm? War ihm etwas zugestoßen? Was würde Abdon sagen?

Abdon war sehr verärgert, als sie spät nachts ankamen und Simon erzählte, wie sein Lamm verlorengegangen war. »Das ist doch alles Unsinn, was du mir da erzählst von einem wundersamen Traum«, schimpfte Abdon. »Geschlafen hast du, statt aufzupassen!« Wütend schüttelte er Simon an den Schultern. »Sofort machst du dich auf den Weg. Aber wage nicht, ohne mein Lamm wiederzukommen!« drohte er.

Jakob machte sich Sorgen, den Jungen so ganz alleine gehen zu lassen. Aber er konnte nichts gegen Abdon tun. So ging er in seine Kammer und holte die Laterne mit den vier Lichtern, die er einst von einem Wanderer bekommen hatte mit den Worten: »Sie werden dem im Dunkeln leuchten, der in Not ist.« Nun gab Jakob die Laterne an Simon weiter und sagte: »Trage den vier Lichtern Sorge, dann werden sie dir auf dem Weg leuchten. Simon nahm die Laterne mit den vier Lichtern, und in seinen Händen leuchteten sie auf. Zuversichtlich machte sich Simon auf den Weg, sein Lamm zu suchen.

Die ganze Nacht und den ganzen Tag hatte Simon die Hügel abgesucht, aber keine Spur von seinem Lamm entdeckt. Schon ging die Sonne wieder unter. Sollte er überhaupt noch weitersuchen? War nicht alles sinnlos? Er gab die Hoffnung beinahe auf.

Da, regte sich nicht etwas hinter dem Felsen? War es sein Lamm? »Lamm, kleines Lamm, komm!« lockte Simon hoffnungsvoll.

»Ho!« brummte eine tiefe Männerstimme. »Was suchst du? Ein Lamm?« Simon erschrak. Er wollte davonlaufen. »Vor mir brauchst du nicht davonzulaufen«, sagte der Mann. »Doch wenn du ein Lamm suchst, dann findest du es im Olivenhain hinter jenem Felsen. Ich habe es gesehen. Es ist klein und schneeweiß.« »Das ist mein Lamm!« freute sich Simon. »Du hast mein Lamm gefunden! Danke! Kann ich dir irgendwie helfen?« »Helfen? Mir kann niemand helfen. Mein Weg ist im Dunkeln«, sagte der Mann leise. »Dunkel? Nein!« rief Simon und hielt dem Mann eines seiner Lichter hin. »Hier, nimm es. Es wird deinen Weg erhellen. Was soll ich mit vier Lichtern, wenn du keines hast. Drei Lichter sind genug für mich.« »Du willst mir ein Licht schenken? Mir?« wunderte sich der Mann und nahm das Licht. »Du bist der erste Mensch, der freundlich zu mir ist. Danke. Danke, mein Junge!« sagte der Mann, und im Weggehen flüsterte er vor sich hin: »Dabei bin ich ein Dieb!«

Die Nacht war hereingebrochen. Simon lief in den Olivenhain, um endlich sein Lamm zu finden. Aber von seinem Lamm war nichts zu sehen. Hatte es sich versteckt? Dort, in der Höhle, regte sich etwas. Simon rannte hin. War es sein Lamm? Nein, es war ein Wolf! Schon schnappte er nach seinem Mantel. Simon zitterte. Er versuchte, sich loszureißen. Sofort gab der Wolf ihn frei. Er winselte und leckte seine Pfote. Da erst sah Simon die blutende Wunde an seiner Pfote. Alle Angst war verflogen. Schnell riß er ein Stück Stoff von seinem Mantel ab und verband vorsichtig die Wunde. »Nun bleib brav liegen«, sagte er, »damit die Wunde heilen kann!«

Simon stand auf, um weiterzugehen und sein Lamm zu suchen. Doch der Wolf zerrte wieder an seinem Mantel und sah ihn an. »Ich soll bei dir bleiben? Ist es das, was du sagen möchtest?« Simon streichelte den Wolf. »Das kann ich nicht. Ich muß das Lamm suchen. Vielleicht braucht es meine Hilfe, wie du.«

Nach kurzem Überlegen stellte er eines der Lichter neben den Wolf. »Hier, Wolf, hast du ein Licht. Es wird dich wärmen. Zwei Lichter sind genug für mich. Jakob wird das begreifen.« Dankbar blickte der Wolf ihm nach.

Wo sollte Simon nun das Lamm suchen? Lange irrte er umher, bis er bei Tagesanbruch in eine kleine Stadt kam. In einer Straße traf er einen Bettler an. »Eine Gabe, nur eine kleine Gabe!« rief der Mann. »Ich habe doch selber nichts«, sagte Simon und blieb stehen. »Ich bin nur der Hirte Simon und habe mein Lamm verloren.«

»Ein Lamm?« »Ja, es ist mir davongelaufen. Hast du es vielleicht gesehen?« »O nein! Ich sehe nur Hunger und Not«, antwortete der Alte. »Ich lebe mit den Ärmsten weit draußen in einer finsteren, kalten Grotte.« »Nimm wenigstens dieses Licht von mir«, sagte Simon. Es wird euch etwas Wärme und Licht geben. Mehr habe ich nicht, fügte er hinzu. Der Alte nahm das Licht und stand auf. »Danke! Hoffentlich findest du bald dein Lamm.« Und jeder ging seinen Weg.

Simon hatte im Städtchen herumgefragt. Vergeblich. Keiner hatte sein Lamm gesehen. Er war entmutigt. Sein letztes Licht leuchtete auch nur noch schwach. Als die Nacht hereinbrach, setzte er sich draußen vor der Stadt müde an den Wegrand.

Da hüllte ihn wieder dieser wundersame Duft ein. Der Duft von Rosen, Lilien und Mandelblüten. Woher kam dieser betörende Duft? Simon stand auf. Nun hörte er auch den fröhlichen Gesang. Er schaute sich um. Da entdeckte er Licht in einem Stall. Er ging darauf zu und trat zögernd ein. Simon konnte kaum etwas erkennen. Er blieb stehen und blinzelte. Da schimmerte etwas weiß im Halbdunkel. Es war sein Lamm! Sein verlorenes Lamm! »Tritt näher«, sagte eine freundliche Stimme. Simon konnte nicht antworten. Er war so glücklich. Dann sah er das Kind. Es lag auf Stroh ganz dicht bei seinem schneeweißen Lamm!

Simon kniete nieder und schenkte dem Kind sein letztes kleines Licht. Nur noch schwach glühte die Flamme. Doch seltsam! Wie von unsichtbarer Hand entzündet, flammte das Licht auf. Sein Leuchten breitete sich aus und erfüllte den ärmlichen Raum mit festlichem Glanz. Am Himmel strahlten die Sterne heller und heller, und der frohe Gesang klang weit hinaus bis zu den Hirten auf dem Feld.

Gerda Marie Scheidl

Aus: Gerda Marie Scheidl/Marcus Pfister (Ill.), Die vier Lichter des Hirten Simon, © 1986 Nord-Süd Verlag, Gossau, Zürich und Hamburg.

(7) Licht von der Osterkerze

Die Kinder laufen hinter dem Religionslehrer zur Kirche hinüber.
»Ich bin gespannt, was er vorhat«, sagt Jakob.
»Beichten üben«, sagt Rudi. »Meine Mutti hat auch schon mit mir beichten geübt. Auf 17 Sünden sind wir gekommen.«
»Der Max hält den Rekord«, sagt Kathi. »59 Sünden, aber viele von der gleichen Sorte natürlich.«
Der Lehrer dreht sich um, schaut die Kinder an und seufzt. »59? Höchste Zeit, daß wir uns darüber unterhalten«, brummt er.
In der Kirche ist es dämmrig dunkel, nur die Osterkerze brennt.
Der Lehrer hat viele kleine Kerzen mitgebracht, für jedes Kind eine. Die Kinder zünden ihre Kerzen an der großen Osterkerze an und stellen sie auf die Stufe vor dem Altar. Der Lehrer setzt sich auf den Teppichboden vor der Stufe. Die Kinder setzen sich zu ihm. Sie sehen den brennenden Kerzen zu – und warten.
»Diese Kerzen da«, sagt der Lehrer in die Stille hinein, »was tun die eigentlich?«
»Brennen, kommt mir vor«, sagt Rudi. Die Kinder lachen.
»Eine Kerze, die brennt«, sagt der Lehrer, »wozu ist die gut?«
»Sie leuchtet«, sagt Kathi.
»Sie wärmt auch«, sagt Jakob.
»Und eine Kerze, die nicht brennt?« fragt der Lehrer.

»Die leuchtet und wärmt nicht«, sagt Susi. »Von der hat man nichts. Man muß sie erst anzünden.«

»Stellt euch einmal vor, daß wir solche Kerzen sind«, sagt der Lehrer. »Wir haben unser Licht von Jesus bekommen, so wie unsere Kerzen ihr Licht von der Osterkerze bekommen haben. Wir machen unsere Umgebung hell. Wir geben den Menschen rund um uns Licht und Wärme, wenn wir freundlich, gut und hilfsbereit sind.«

»Leider sind wir das nicht immer«, sagt Rudi.

»Wann geben wir kein Licht und keine Wärme mehr?« fragt der Lehrer.

»Wenn wir bös waren«, sagt Susi.

»Wann waren wir denn – bös?« fragt der Lehrer.

»Na – wenn wir gestritten haben zum Beispiel«, sagt Max.

»Hm«, sagt der Lehrer. »Streiten ist manchmal gut und notwendig.«

»Ja, aber gestern hab’ ich mit meinem kleinen Bruder gestritten, weil er das größte Stück Kirschenkuchen erwischt hat«, sagt Max. »Ich hab’ ihm sein Stück vermiest; sind eh lauter Wurmkirschen, hab’ ich gesagt. Da hat’s ihm dann gegraust, und er wollt’s nicht essen und hat’s mir gegeben. Das war bös, nicht?«

»Ja«, sagt der Lehrer. Er beugt sich vor und bläst eine Kerze aus. Max erschrickt. »War das meine Kerze?«

»Das war deine Kerze«, sagt der Lehrer. Eine Weile sitzen sie ganz still, dann sagt Kathi: »Ich hab’ am Sonntag meinen Vati gekränkt. Er wollte mit mir spazieren gehen, denn allein macht’s ihm keinen Spaß. Aber ich habe gesagt: Geh allein, ich lese Comics, das ist lustiger als so ein blöder Spaziergang …«

Der Lehrer bläst die nächste Kerze aus.

»Ich glaub’, ich hab’ die Kathi geärgert«, sagt Jakob. »Ich hab’ schon gewußt, sie will meine neuen Filzstifte ausborgen, aber ich hab’ gewartet, bis sie darum bittet. Ich hab’ sie fest bitten lassen …«

»Oh«, sagt Kathi schnell. »Das stimmt, daß ich mich darüber geärgert habe. Aber nicht so arg, daß du jetzt deine Kerze –«

Aber der Lehrer hat die Kerze schon ausgeblasen. Jedes Kind kommt an die Reihe. Jedem Kind fällt ein, was es lieber nicht hätte tun sollen. Manchem fällt auch ein, was es hätte tun müssen. Eine Kerze nach der anderen wird ausgeblasen. Zuletzt brennt nur noch eine kleine Kerze.

»Fehlt einer, oder hab’ ich mich verzählt?« fragt der Lehrer.

»Es ist Ihre Kerze«, sagt Jakob. »Jetzt sind Sie dran!«

Der Lehrer denkt nach.

»Vielleicht wißt ihr etwas, womit ich euch gekränkt habe«, sagt er dann.

»Sie haben uns schon sechsmal versprochen, das Buch von David und Goliat mitzubringen«, sagt Kathi. »Aber Sie haben's jedesmal vergessen.«

»Hm«, sagt der Lehrer. »Aber wenn einer von euch etwas sechsmal vergißt, werd' ich ganz schön grantig! Blast die Kerze aus!«

Die Kinder blasen die letzte Kerze aus. Nur noch die Osterkerze brennt.

»Schade«, brummt Rudi. »Jetzt ist es ziemlich dunkel hier und kälter als zuerst.«

»Was tun wir jetzt?« fragt der Lehrer.

Die Kinder schweigen.

»Wir brauchen neues Licht für unsere Kerzen«, sagt der Lehrer. »Zum Glück brennt die Osterkerze. Ein Mensch, dem seine Schuld leid tut, der sie bekennt und dafür um Verzeihung bittet, kann seine Kerze wieder anzünden. Im Sakrament der Buße, bei der Beichte, bekommen wir von Gott neues Licht – so wie wir jetzt unsere Kerzen an der Osterkerze neu anzünden dürfen.«

Die Kinder zünden ihre Kerzen an der großen Kerze an und machen eine kleine Lichterprozession durch die Kirche.

»Ich glaub', meine Liste mit den 59 Sünden ist Blödsinn«, sagt Max zum Lehrer. »Ich werde bei der Beichte lieber sagen, was mir leid tut ...«

Lene Mayer-Skumanz

Aus: Lene Mayer-Skumanz, Jakob und Katharina, Verlag Herder, Wien 9. Auflage 1991.

(8) Glaubensbekenntnis

Wir glauben an den einen Herrn Jesus Christus,
Gottes eingeborenen Sohn,
aus dem Vater geboren vor aller Zeit:
Gott von Gott, Licht vom Lichte,
wahrer Gott vom wahren Gott,
gezeugt, nicht geschaffen,
eines Wesens mit dem Vater.

(9) Mein Herzenslicht

Es hatten außen bloß noch Wände gefehlt und eine Tür, dann wäre es ein Lichtweg gewesen. Ich bin an den Tannenzweigen entlanggegangen. Mit jedem Schritt wurde es heller, bis ich in die Mitte kam. Dann wurde es in meinem Herzen hell. Da bin ich zurückgelaufen und war sehr froh.

Alexander

Mir hat das Licht gesagt, daß es mich braucht und liebhat. Mir hat es noch gesagt: Vielen, vielen Dank, daß du mich angezündet hast und daß du mich ganz liebhast. Ich bin in deinem Herzen drin!

Giuseppe

Das Licht ist was Schönes. Es flackert herum. Wenn man ins Licht guckt, denkt man manchmal nach. Und wenn das Licht lange brennt, wird die Flamme größer. Mir gefällt's, wenn's ganz dunkel ist und ein paar Kerzen leuchten.

Thomas

Aus: Hubertus Halbfas, Religionsunterricht in der Grundschule. Lehrerhandbuch 3, Patmos Verlag, Düsseldorf 4. Auflage 1992.

(10) Du Dunkelheit, aus der ich stamme

Du Dunkelheit, aus der ich stamme,
ich liebe dich mehr als die Flamme,
welche die Welt begrenzt,
indem sie glänzt
für irgendeinen Kreis,
aus dem heraus kein Wesen von ihr weiß.

Aber die Dunkelheit hält alles an sich:
Gestalten und Flammen, Tiere und mich,
wie sie's errafft,
Menschen und Mächte –

Und es kann sein: Eine große Kraft
rührt sich in meiner Nachbarschaft.

Ich glaube an Nächte.

Rainer Maria Rilke

Aus: Rainer Maria Rilke, Sämtliche Werke, © Insel Verlag, Frankfurt am Main 1955.

4. Lieder/Tanz und Musik

(1) Gäbe es kein Licht

1. Gä - be es kein Licht, gäb's die Er - de nicht.
We - der Son - ne - noch Ster - ne, noch den Mond in
- der Fer - ne. Al - le Ta - ge, al - le Jah - re
gäb' es nicht, gä - be es kein Licht.
2. Gä - be es kein Licht, gäb's die Er - de nicht.
Kei - ne Blu - men - und Bäu - me, we - der Lie - der

- noch Träu-me. Und die Men-schen und die Tie-re
gäb' es nicht, gä-be es kein Licht.
3. Dan-ke für das Licht! Dan-ke für das Licht!
Du hast Licht uns - ge-ge-ben, mit dem Licht un -
- ser Le-ben. Hörst du, Gott, was zu dir dei-ne
Schöp-fung spricht: Dan-ke für das Licht!

T: Rolf Krenzer M: Detlev Jöcker
Aus: Liedheft und MC Licht auf meinem Weg
Alle Rechte im Menschenkinder Verlag, 4400 Münster.

Tanzbeschreibung:

Schrittfolge: langsame halbe Noten
In der Kreismitte steht eine brennende Kerze. Alle stehen auf der
Kreisbahn, der Mitte zugewandt, und halten sich an den Händen.

Takt 1-2:   Vier Schritte in die Kreismitte gehen, dabei die Arme
             heben (rechts beginnt).
Takt 3-4:   Vier Schritte zurück, dabei die Arme senken.
Takt 5-8:   Acht Schritte auf der Kreisbahn.
Takt 9-12:   Wie 1-4, ohne die Arme zu heben.
Takt 13-14: Langsam die Hände heben.

(2) Licht auf meinem Weg

1. C Dm⁷ F G
Licht auf mei - nem Weg durch die

2.
Dun-kel-heit, Licht auf mei-nem Weg leuch-tet hell und weit.

3.
Leuch - tet, leuch - tet hell und weit durch die

4.
Dun-kel-heit, Licht, jetzt und al - le Zeit. Leuch-te

T: Rolf Krenzer   M: Detlev Jöcker
Aus: Liedheft und MC Licht auf meinem Weg
Rechte im Menschenkinder Verlag, 4400 Münster.

Tanzbeschreibung (Kanontanz):

Alle stehen in zwei (oder vier) Kreisen auf der Kreisbahn.

Takt 1-2:   Acht Schritte rechts herum (rechts beginnt): rechts seit, links kreuzt vorne, rechts seit, links kreuzt hinten, rechts seit, links kreuzt vorne, rechts seit, links tippt neben rechten Fuß auf.

Takt 3-4:   Acht Schritte links herum (links beginnt): links seit, rechts kreuzt vorne, links seit, rechts kreuzt hinten, links seit, rechts kreuzt vorne, links seit, rechts neben links stellen.

Takt 5-6:   Jeder hebt die Arme und dreht sich acht Schritte rechts herum um sich selber.

Takt 7-8:   Jeder dreht sich links herum, senkt die Arme und alle stehen zum Schluß wieder in zwei Kreisen.

Diesen Tanz zunächst einstimmig, dann zwei- oder vierstimmig tanzen.

(3) Wenn du uns leuchtest

2. Hoch wie die Berge in der Unendlichkeit
   ragt dein Erbarmen, deine Gerechtigkeit.

3. Herr, deine Weisheit ist tiefer als das Meer.
   Menschen und Tieren bist du ein guter Herr.

4. Gott, deine Liebe ist unvergleichlich schön.
   Du gibst uns Schutz, und so kann uns nichts geschehn.

5. Du machst uns satt, und dein Tisch ist stets gedeckt.
   Gott, deine Güte wie frisches Wasser schmeckt.

6. Herr, bleibe bei uns, und verlaß uns nicht!
   Wenn du uns leuchtest, leben wir im Licht.

T: Rolf Krenzer   M: Detlev Jöcker
Aus: Liedheft und MC Licht auf meinem Weg
Alle Rechte im Menschenkinder Verlag, 4400 Münster.

Tanz- und Spielanleitung:

1. Teil (in jeder Strophe gleich):

Takt 1: Arme ausbreiten.

Takt 2: Um sich selber drehen (rechts herum).

Takt 3: Arme senken, Hände offen vor sich halten.

Takt 4: Um sich selber drehen (links herum).

2. Teil :

1. Strophe: Stehen, sich ganz hoch strecken und zeigen, wie weit die Wolken ziehen.
2. Strophe: Die hohen Berge zeigen.
3. Strophe: In die Hocke gehen.
4. Strophe: Die Hände schützend über die Nachbarn halten.
5. Strophe: Die Hände offen wie eine Schale vor sich halten.
6. Strophe: Einander um die Schultern fassen (letzte Zeilen wie Takt 1+2 des 1. Teiles).

(4) Du höchstes Licht

Gotteslob Nr. 557.

Tanzbeschreibung:

Aufstellung im Kreis, jeder hat eine brennende, nichttropfende Kerze in der Hand.

1. Zeile: Alle halten das Licht ganz hoch.
2. Zeile: Alle gehen zur Mitte, senken dabei das Licht.
3. Zeile: Alle drehen sich und tragen das Licht nach außen.
4. Zeile: Alle gehen auf der Kreisbahn rechts herum und halten die Kerzen rechts nach außen.

Diese Abfolge wiederholt sich in jeder Strophe.

(5) Gottes Wort ist wie Licht

Got-tes Wort ist wie Licht in der Nacht; es hat
Hoff-nung und Zu-kunft ge-bracht, es gibt Trost, es gibt Halt in Be-
dräng-nis, Not und Äng-sten, ist wie ein Stern in der Dun-kel-heit.

M: trad. aus Israel

Tanzbeschreibung:

Alle stehen auf der Kreisbahn, der Mitte zugewandt, die Hände durchgefaßt. Der Tanz beginnt auf 1 im ersten Takt.

Takt 1: Zwei Schritte rechts, links vorwärts, zwei Schritte rechts vorwärts, links zurück wiegen. Beim Vorwärtsschreiten Hände heben.

Takt 2: Rechts aufsetzen und linkes Bein anstellen.

Takt 3+4: Wie 1 und 2, nur rückwärts und Hände senken.

Takt 5: Zwei kleine Schritte rechts – links zurück und rechts – links wiegen.

Takt 6: Zwei kleine Schritte vor, dann stehen.

Takt 7: Arme heben.

Takt 8: Arme senken.

(6) Morgenglanz der Ewigkeit

Gotteslob Nr. 668.

(7) Bevor des Tages Licht vergeht

Gotteslob Nr. 696.

(8) Mache dich auf und werde Licht

T und M: Kommunität Gnadenthal
Aus: Mosaik 1-4/5
© Präsenz-Verlag, Gnadenthal, 6257 Hünfelden.

Tanzbeschreibung (Kanontanz):

Alle stehen in zwei bis vier Kreisen im Raum verteilt.

Takt 1-2: Acht Schritte rechts herum (rechts beginnt): rechts seit, links kreuzt vorne, rechts seit, links kreuzt hinten, rechts seit, links kreuzt vorne, rechts seit, links tippt neben rechten Fuß auf.

Takt 3-4: Acht Schritte links herum (links beginnt): links seit, rechts kreuzt vorne, links seit, rechts kreuzt hinten, links seit, rechts kreuzt vorne, links seit, rechts neben links stellen.

Takt 5: Vier kleine Schritte in die Mitte – rechts beginnt, vierter Schritt links tippt.

Takt 6: Vier kleine Schritte zurück, links beginnt.

Takt 7-8: Langsam die Arme heben.

Diesen Tanz zunächst einstimmig, dann zwei- oder vierstimmig tanzen.

(9) Wenn unsre Kerze brennt

2. Wir machen uns bereit
   jetzt für die Weihnachtszeit,
   als Gottes Sohn zur Welt gebracht
   in einer dunklen Nacht.
   Wir machen uns bereit.
   Wir machen uns bereit.

3. Da kam das Licht herein
   zu uns mit seinem Schein.
   Wir freun uns, wenn die Kerze brennt,
   und feiern den Advent.
   Wir feiern den Advent.
   Wir feiern den Advent.

T: Rolf Krenzer   M: Ludger Edelkötter
Aus: Wir feiern heut ein Fest, 1989
Alle Rechte im Impulse-Musikverlag, 4406 Drensteinfurt.

Tanzbeschreibung:

Alle stehen im Kreis um ein Adventsgesteck/Adventskranz herum,
die Hände durchgefaßt.

Takt 1-5:   »Wenn unsre ...« Seitgalopp rechts herum.
Takt 6-7:   »Es sagt das Licht ...« Auf die Mitte zeigen.
Takt 8-9:   Arme heben
Takt 10 bis Ende: Seitgalopp links herum.

(10) Wir sagen euch an

Gotteslob Nr. 115.

Tanzbeschreibung:

Alle stehen im Kreis, die Hände durchgefaßt.

1. Str.: 1. Teil: Alle gehen rechts herum.
      2. Teil: Alle gehen links herum.
Refrain: »Freut euch ...« Um sich selbst drehen, dabei die Arme heben.
      »Schon ist ...« Hände durchfassen, Arme heben.
2. Str.: 1. Teil: Wie oben.
      2. Teil: Um die Schultern fassen.
Refrain: Wie oben.
3. Str.: 1. Teil: Wie oben.
      2. Teil: Nach außen drehen, Arme nach vorne strecken, vier Schritte langsam nach außen gehen.
Refrain: Wie oben.
4. Str.: 1. Teil: Wie oben.
      2. Teil: Hände öffnen, Arme seitlich halten (Orantehaltung), am Ende Hände heben.

(11) O Licht der wunderbaren Nacht

Gotteslob Nr. 208.

(12) Tanz mit Laternen

Musik: Andante aus: Antonio Vivaldi, Gitarrenkonzert D-Dur

Alle tragen selbstgebastelte Laternen an Stäben in der rechten Hand. Die Tänzer stehen auf der Kreisbahn (paarweise zugeordnet, nebeneinander).

– Zur Musik bewegen alle ihre Laternen aufwärts, abwärts.
– Sie drehen sich um sich selber.
– Sie gehen zur Mitte, heben die Laternen und gehen wieder zurück.
– Sie geben sich paarweise die linke Hand, heben und senken die Laternen und drehen sich so als Paar.
– Sie schreiten paarweise im Kreis. Der (die) innere Tänzer(in) nimmt die Laterne jetzt in die linke Hand.
– Diese Abfolge wiederholt sich.

(13) Tanz um die Osterkerze

Musik: Adagio aus: Georg Philipp Telemann, Konzert für Trompete und Orchester D-Dur

Alle Tänzer(innen) knien im Kreis um die Osterkerze, sie sitzen auf den Fersen, die Hände liegen auf den Knien.

– Alle knien sich langsam gerade hin und stehen langsam auf.
– Alle heben den linken Arm und folgen mit den Augen dem Arm.
– Alle heben den rechten Arm und folgen mit den Augen dem Arm.
– Alle bewegen sich langsam mit erhobenen Armen auf die Mitte, die Osterkerze zu.
– Alle breiten ihre Hände hoch über die Osterkerze.
– Alle gehen zurück zur Kreislinie und umschreiten langsam die Mitte. Dabei drehen sie sich von Zeit zu Zeit um sich selber.
– Gegen Ende der Musik kommen alle wieder zum Stehen und lassen sich langsam in die Ausgangsposition zurücksinken.

Aus: Religionspädagogische Praxis 2/1980, © RPA-Verlag, Landshut.

(14) Verklanglichung: Licht und Dunkelheit

In der Mitte des Raumes stehen/liegen viele verschiedene Orffinstrumente. Ein schwarzes Tuch wird in die Mitte gelegt.
Alle Teilnehmer(innen) werden aufgefordert, sich aus der Mitte ein Instrument zu suchen und auszuprobieren, welche Klänge die Dunkelheit zum Ausdruck bringen können.
Wenn jeder für sich etwas gefunden hat, setzen sich alle in den Kreis.
Ein Instrument beginnt nun, die Dunkelheit zu spielen. Die anderen Instrumente stimmen ein.

Jetzt wird ein strahlend gelbes Tuch über das schwarze gedeckt. Jetzt sind alle aufgefordert, ein Instrument zu suchen, das das Licht zum Klingen bringt. Dann wird so verfahren wie im ersten Teil.

(15) Verklanglichung: Gen 1,1-15

»Die Erde aber war wüst und wirr ...«	*Alle Instrumente spielen durcheinander.*
»Finsternis ...«	*Dumpfe Klänge von Handtrommel/tiefe Xylophonstäbe.*
»Der Geist Gottes ...«	*Eine Melodie auf Metallophon/Flöte o.ä.*
»Es werde Licht ...«	*Beckenschlag.*
»und es wurde Licht ...«	*Über den dumpfen Klängen der Dunkelheit breitet sich jetzt der helle Klang von Glockenspielen und Schellen.*

(16) Verklanglichung: Die vier Lichter des Hirten Simon

Siehe Abschnitt 3 Nr. 6.

Jede Person und jedes Tier in der Geschichte bekommt ein Instrument zugeordnet. Für die Hauptpersonen Simon und das Lämmchen ist es schön, je eine eigene Melodie zu erfinden, die immer dann gespielt wird, wenn Simon oder das Lämmchen etwas tun.

Auch für den Moment, in dem Simon das Licht weiterreicht, sollte immer eine einprägsame Melodie ertönen (es reichen 5 Töne dafür). Die unterschiedlichen Stimmungen der einzelnen Szenen werden auch mit unterschiedlichen Instrumenten ausgedrückt.

Nachdem man sorgfältig die Geschichte und die entsprechenden Instrumente miteinander erarbeitet hat, kann die Geschichte vorgelesen und dazu gespielt und verklanglicht werden (siehe Abschnitt 8 Nr. 2).

(17) Wir spielen das wachsende Licht

Vorstellung:	**Verklanglichung:**
Es ist dunkel im Raum, ein Adventskranz steht in der Mitte.	*Wir spielen die Dunkelheit mit dumpfen Tönen.*

Die erste Kerze wird entzündet.	*Der Ton einer Triangel ertönt (evtl. eine kleine).*
Die zweite Kerze wird entzündet.	*Eine kleine Cymbel erklingt dazu.*
Die dritte Kerze wird entzündet.	*Ein Glockenkranz kommt dazu.*
Die vierte Kerze wird entzündet.	*Leise Töne auf einem Sopran-Glockenspiel.*
Die Lichter des Weihnachtsbaumes erstrahlen.	*Ein Beckenschlag ertönt und alle anderen hellen Instrumente dazu.*

(Die Vorstellung kann auch real vollzogen werden, etwa zu Beginn eines Gottesdienstes am Heiligen Abend.)

Variation 1: Man beschränkt sich auf die Lichter des Adventskranzes. Die Lichter werden nach und nach entzündet.
Wenn alle Kerzen brennen, spielen die Instrumente langsam weiter.
Jetzt wird die Geschichte »Die vier Kerzen« (siehe Abschnitt 3 Nr. 4) vorgelesen. Immer, wenn eine Kerze verlöscht, hört das entsprechende Instrument auf zu spielen.
Dann werden die Kerzen wie in der Geschichte wieder angezündet und dazu verklanglicht.

Variation 2: Ähnlich kann auch gespielt werden: Licht breitet sich aus, es wird immer heller und heller, bis alles strahlt.
Dieses Spiel kann auch unabhängig von Advent und Weihnachten gespielt werden.

5. Bilder

− Fotos von verschiedenartigen Lichtreflexen (Sonnenuntergang/Morgen-, Abendrot/Spiele von Licht und Schatten)

- Fotos von verschiedenartigen Lichtquellen
  (Kerze/elektrisches Licht/Laternen ...)

- Der dunkle Gott (Apsismosaik einer altchristlichen Basilika)
  Aus: av-edition, München/Offenbach 1988.

- Oskar Koller: Lichter werden
  Aus: av-edition, München/Offenbach 1988.

- Thomas Zacharias: Gott erschafft die Welt (Linolschnitt)
  Aus: Bilder zum Glaubensbuch, Patmos Verlag, Düsseldorf 1983.

- Thomas Zacharias: Schöpfung (Holzschnitt)
  Aus: Farbholzschnitte zur Bibel, Kösel-Verlag, München.

- Rembrandt: Anbetung der Hirten
  Aus: Diabücherei Christliche Kunst, Band 1, Verlag am Eschbach,
  Eschbach 1981.

- Walter Habdank: Simeon (Holzschnitt)
  Aus: Holzschnitte zur Bibel, Kösel-Verlag, München.

- Thomas Zacharias: Inkarnation (Holzschnitt)
  Aus: Farbholzschnitte zur Bibel, Kösel-Verlag, München.

- Ernst Alt: Der wiedergefundene Vater
  Aus: 24 Bilder, Kösel-Verlag, München 1978.

- Benedikt W. Traut: Ostern – befreit zu neuem Anfang
  Aus: av-edition, München/Offenbach 1988.

- Rembrandt: Christus in Emmaus
  Aus: Diabücherei Christliche Kunst, Band 1, Verlag am Eschbach,
  Eschbach 1981.

- Relindis Agethen: Neue Zeit
  Aus: Hubertus Halbfas, Religionsbuch 2. Schuljahr, Patmos Verlag, Düsseldorf 5. Auflage 1991.

6. Gestalten/Malen/Basteln

(1) Gestaltung der Mitte

– ein dunkles Tuch in die Mitte legen
– ein helles Tuch in die Mitte legen
– nebeneinander oder verschlungen ein schwarzes und ein gelbes Tuch legen
– in einem dunklen oder verdunkelten Raum eine Kerze in die Mitte stellen
– eine Kerze auf ein dunkles Tuch stellen
– eine selbstgebastelte Laterne
– eine Kerze, die im Zentrum eines dunklen Kreuzes steht, das aus Tonpapier oder Tüchern in der Mitte ausgelegt ist (= Tod und Auferstehung)

(2) Bilder zu Geschichten malen

Folgende Geschichten und Themen eignen sich zum Malen:

– Gen 1,1-5 Finsternis und Licht *(Wasserfarben/Aquarell)*
– Jesaja 9,1 Das Volk, das im Dunkeln lebt, sieht ein helles Licht *(Jaxon-Kreiden/Wachsmalstifte)*
– Apg 9,1-9 Die Bekehrung des Paulus *(Öl/Wasserfarben/Wachskreiden)*
– Das brennende Herz des Wals (siehe Abschnitt 3 Nr. 3) *(Wasserfarben/Aquarell/Buntstifte)*

(3) Licht malen in konzentrischen Kreisen
(Wasserfarben/Buntstifte/Bleistift)

Jede(r) malt auf ein weißes Blatt ineinandergelagerte Kreise, die immer größer werden. Die so entstandenen Ringe werden nun von außen nach innen (in einem zweiten Durchgang evtl. auch von innen nach außen) mit einer Grundfarbe farblich abgestuft, so daß die Kreise nach innen hin immer heller werden. Der Innenkreis bleibt weiß (bei dem zweiten Durchgang bleibt der Außenkreis weiß).
Bei Verwendung von Wasserfarben geschieht die Aufhellung entweder durch eine verstärkte Beimischung von Deckweiß oder eine immer stärkere Verdünnung der Farbe mit Wasser.

Bei Verwendung von Buntstiften oder auch Bleistift geschieht die Aufhellung durch immer schwächer werdenden Druck beim Zeichnen.

(4) Bilder nachmalen

Für die Erschließung eines Bildes kann es auch hilfreich sein, dieses Bild in seinen Grundzügen nachzumalen. Dazu eignen sich folgende Bilder gut (siehe Abschnitt 5):

- Fotos
- Der dunkle Gott
- Thomas Zacharias: Schöpfung
- Thomas Zacharias: Inkarnation
- Benedikt W. Traut: Ostern – befreit zu neuem Anfang
- Relindis Agethen: Neue Zeit

(5) Rußbilder: Wir malen sich ausbreitendes Licht

Zu den Jesusworten »Ich bin das Licht der Welt« (Joh 8,12) und »Ihr seid das Licht der Welt« (Mt 5,14), die gemeinsam erschlossen worden sind, wird eine Bildergeschichte aus Rußbildern gestaltet mit dem Thema: »Wir malen das Licht, das sich ausbreitet«.

Material:
Diadeckgläser, eine Haushaltskerze, Zahnstocher oder Stecknadeln, Projektor

Methode:
Ein Diadeckglas wird so lange über die Kerzenflamme gehalten, bis eine Seite schwarz berußt ist (evtl. auch mit Holzwäscheklammer darüber halten). Dann wird mit einem Zahnstocher, einer Stecknadel oder einem anderem spitzen Gegenstand das gewählte Motiv in den Ruß geritzt. Wenn ein Bild gelungen ist, wird es mit einem weiteren Diadeckglas geschützt, und beide werden durch einen Klebestreifen am Rand zusammengehalten. Jetzt kann das Rußbild durch einen Diaprojektor betrachtet werden.

(6) Reißbild: Das brennende Herz des Wals (Gemeinschaftsbild)

Siehe Abschnitt 3 Nr. 3.

Material:
ein großer Bogen Papier, buntes Papier, Klebstoff, Tonpapier/Transparentpapier (Reste!)

Methode:
Gemeinsam wird der Bildaufbau zur Geschichte besprochen: Es geht um die Darstellung, wie die Seele des Wals als Kerze/Licht in ihm leuchtet. Es ist sinnvoll, wenn alle Beteiligten eine Skizze mit Buntstiften entwerfen (in Kleinformat) und dann eine gemeinsam gewählte Skizze auf den großen Bogen übertragen.
Jetzt wird in den entsprechenden Farben das bunte Papier kleingeschnipselt, und die Schnipsel werden, der Skizze entsprechend, auf den großen Bogen geklebt.

(7) Reißbild zum Lied: Gäbe es kein Licht (Gemeinschaftsbild)

Siehe Abschnitt 4 Nr. 1.

Material:
Zeitungen, Klebstoff, buntes Tonpapier, ein großer Bogen Papier

Methode:
Gemeinsam wird zusammengetragen, was es ohne Licht nicht gäbe, so, wie es im Lied erwähnt wird (Sonne/Mond/Sterne/Blumen/Bäume/Menschen/Tiere). Diese Dinge werden aus Zeitungspapier ausgerissen und auf den großen Bogen Papier gelegt.
Die Buchstaben des Wortes »Danke« werden aus Tonpapier ausgeschnitten und dazugelegt.
Jetzt werden Dinge und Buchstaben so angeordnet, daß insgesamt ein schönes Bild entsteht.

(8) Stoffcollage: Die törichten und die klugen Jungfrauen
   (Mt 25,1-13)

Material:
Stoffreste/Filzreste/Wollreste, Untergrund (grobes Leinen), Nadeln, Faden, Klebstoff

Methode:

Nach der Erarbeitung des Textes wird überlegt, wie der Unterschied zwischen den törichten und den klugen Mädchen mit den vorhandenen Stoffen und dem Material dargestellt werden kann. Dann werden die Stoffstücke entsprechend zugeschnitten und auf den Leinenuntergrund genäht oder geklebt.

(9) Collage: Völker wandern zu deinem Licht (Jes 60,1-5)

Material:

Illustrierte, Tonpapier, Stifte, großes Papier als Untergrund (auch schwarzes Tonpapier), Klebstoff, Scheren

Methode:

Nach der Erarbeitung des Textes werden aus Zeitungen/Illustrierten die verschiedenartigsten Menschen ausgeschnitten, die alle einem Licht zugeordnet, auf das Bild gelegt und später geklebt werden. Gemeinsam muß überlegt werden: Wie soll das Licht dargestellt werden?

(10) Collage: Menschen leben in der Dunkelheit – Menschen leben im Licht

Material:

Illustrierte/Zeitungen, Tonpapier, Stifte, großes Papier als Untergrund (auch schwarzes Tonpapier), Klebstoff, Scheren

Methode:

Gemeinsam wird überlegt, wo und wie es aussehen kann, wenn Menschen in Dunkelheit bzw. im Licht leben. Dazu werden dann Situationen oder Schlagzeilen/Worte aus Zeitungen ausgeschnitten und auf dem Plakat gestaltet. Die Anordnung ist von Bedeutung. Die entscheidende Frage lautet hier: Trennen wir die beiden Bereiche? Lassen wir sie ineinanderfließen, oder werden sie überhaupt nicht getrennt? Was hat das jeweils für eine Aussage?

(11) Kerzen gießen

Material:

Wachsreste, Gefäße/Formen, alter Topf, Stricknadel, Kerzendocht, Ofen

Methode:
Alte Kerzenreste werden nach Farben sortiert und langsam in einem alten Topf zum Schmelzen gebracht.
In eine Flasche/Glas/Gefäß wird ein Docht gehängt, der oben an einer Stricknadel o.ä. befestigt ist, die über dem Gefäß liegt.
Das flüssige Wachs wird dann in die Formen gegossen. Wenn das Wachs erkaltet ist, wird das Glas entfernt bzw. die fertige Kerze aus dem Gefäß gelöst.

(12) Kerzen verzieren

Material:
Stumpenkerzen, Zierwachs (Wachsplatten) in verschiedenen Farben, kleines Messerchen

Methode:
Aus den farbigen Wachsplatten werden die gewünschten Motive herausgeschnitten oder aus geknetetem Zierwachs geformt.
Wenn man die fertigen Motive kurz über eine kleine Flamme hält, kann man sie dann gut an der Stumpenkerze befestigen.
Die Motive auf der Kerze richten sich nach dem jeweiligen Anlaß.
Möglichkeit sind z.B. Taufkerze/Kommunionkerze/Hochzeitskerze/Weihnachtskerze/Osterkerze/Jesuskerze ...

(13) Kerzenständer herstellen

Kerzenständer lassen sich auf unterschiedlichste Weise herstellen. Der Phantasie sind da keine Grenzen gesetzt. Hier einige Beispiele:

– Kerzenständer aus *Fotokarton* (Fotokarton wird in eine bestimmte Form geschnitten, und darauf wird ein Teelicht geklebt. Verziert werden kann der Untergrund auch noch durch buntes Tonpapier.)
– Kerzenständer aus *Bierdeckeln* (Ein Bierdeckel wird bunt beklebt, und darauf wird ein Teelicht geklebt.)
– Kerzenständer aus *Goldpapier* (Kerzenständer werden aus Goldpapier gebastelt.)
– Kerzenständer aus *Holz* (Ein Kerzenständer wird aus einem Holz geschnitzt.)
– Kerzenständer aus *Ton/Knetmasse* (Kerzenständer werden aus Ton o.ä. geformt.)

(14) Adventskranz binden

Gemeinsam wird ein Adventskranz oder ein Adventsgesteck gebunden bzw. hergestellt.

(15) Transparentbilder basteln

Material:
schwarzes Tonpapier, buntes Transparentpapier, Stift, Schere, Klebstoff

Methode:
Ein Motiv wird entworfen und so auf das Tonpapier übertragen, daß Stege stehenbleiben, auf denen man das bunte Transparentpapier befestigen kann. Motive können dafür aus geeigneten Geschichten und Liedern gesucht werden. Die Transparentbilder können dann vor eine Lichtquelle gestellt oder ins Fenster gehängt werden.

(16) Laternen basteln

Laternen lassen sich auf unterschiedlichste Weise herstellen als Laterne zum Martinszug (am Stock) oder als Tischlaterne:
- viereckig oder rund aus Tonpapier und Transparentpapier
- viereckig oder dreieckig aus Sperrholz
- aus Runkelrüben
- ...

(17) Lichterkreuz gestalten zum Lied: Du höchstes Licht

Siehe Abschnitt 4 Nr. 4.

Als sichtbares Bild der Aussage Jesu: »Ich bin das Licht der Welt« wird aus vielen kleinen Kerzen (Teelichtern) in der Mitte ein großes Kreuz gestaltet. Der Untergrund ist dunkel. Zu dem Lichterkreuz können Fotos gelegt werden von der Welt, so wie sie sich uns heute zeigt. Das Lied kann zu Beginn und zum Schluß dazu gesungen werden.

(18) Die Osterkerze als Mitte gestalten

Eine Osterkerze steht in der Mitte. Sie bildet den Mittelpunkt eines Bildes, das jetzt von allen gelegt wird. Jede(r) ist aufgefordert, aus den

Materialien, die zur Verfügung stehen, um die Osterkerze herum ein Bild zu legen, das Aussagen von Ostern beinhaltet (Farbe/Form...).
Mögliche Materialien sind: Tücher/Hölzer/Tuchstreifen/Ringe/Steine/Schachteln/Perlen und Kugeln ...

(19) Bilder nachlegen

Bilder, die eine deutliche Struktur haben, lassen sich auch mit farbigen Tüchern oder Tonpapier nachlegen.
Hierfür eignen sich in diesem Zusammenhang (siehe Abschnitt 5):

– durchscheinendes Licht/Foto
– Der dunkle Gott
– Thomas Zacharias: Schöpfung
– Thomas Zacharias: Inkarnation
– Benedikt W. Traut: Ostern – Befreit zu neuem Anfang

7. Stilleübungen

L = Leiter(in); TN = Teilnehmer(in). Jede freie Zeile im Sprechtext bedeutet eine längere Sprechpause.

(1) Erfahrung von Dunkel und Licht

Alle sitzen im Kreis. In der Mitte liegt ein dunkles Tuch.

L spricht:
Das Tuch in der Mitte ist schwarz.
Es ist dunkel.
Heute wollen wir nachspüren, was Dunkelheit ist.
Wir schließen die Augen.

Noch schimmert Helligkeit durch die Augenlider.
Jetzt mache ich den Raum dunkel.

Der Raum wird verdunkelt.

Jetzt ist schwarze Nacht um uns.
Finsternis.

Wir lauschen in die Finsternis hinein.
Was hörst du (hören Sie)?

Wir öffnen die Augen. Es bleibt finster.
Was spürst du in dir (spüren Sie in sich)?

Suche(n Sie) die Hände deiner (Ihrer) Nachbarn.

Es ist gut, in der Finsternis nicht alleine zu sein.

Wir schließen die Augen wieder.
Ich mache den Raum wieder hell.

Der Raum wird wieder erhellt.

Das Licht blendet die Augen.
Gut, daß sie geschlossen sind!
Langsam gewöhnen sich die Augen an das Licht.

Wir öffnen sie wieder und betrachten unseren Raum
und alle, die sich darin befinden, mit neuen Augen.

(2) Einen dunklen Raum mit Licht erfüllen

Der Raum ist nach dem Eintreffen und Platznehmen der TN im Kreis verdunkelt worden. In der Mitte steht auf schwarzem Untergrund eine Kerze.

L spricht:
Um uns ist es dunkel.
Wir sind einen Augenblick lang ganz still,
damit es in uns ruhig werden kann.

Evtl. an dieser Stelle ein ruhiges Musikstück einspielen.
Nach einer Weile spricht L in die Musik hinein:

Jetzt zünde ich die Kerze an,
die wir heute in die Mitte gestellt haben.
Wir schauen, wie sich das Licht ausbreitet.
Immer mehr können wir erkennen.

Wenn das Licht der Kerze den ganzen Raum erfaßt hat, kann die Geschichte »Die Halle der Welt mit Licht erfüllen« (siehe Abschnitt 3 Nr. 2) vorgelesen werden.

(3) Wir schauen auf das Licht

In der Kreismitte steht eine brennende Kerze.

L spricht:
Eine kleine Kerze erhellt unseren dunklen Raum.
Sie gibt soviel Licht von sich, daß wir erkennen können, wer neben uns sitzt.

Wir sehen die Flamme, die manchmal ruhig vor sich hinbrennt und manchmal unruhig flackert.

In unserem Leben ist es oft auch so:
Es gibt Zeiten, da fühlen wir uns ganz ruhig und ausgeglichen.
Vielleicht kannst du dich (können Sie sich) jetzt an solche Zeiten erinnern.

Dann gibt es Zeiten, die voller Unruhe und Hektik sind.
Dann erscheint unsere Umgebung auch unruhig.

Wie die Kerze Licht verbreitet, so geht auch von uns etwas aus.
Wir wollen jetzt versuchen, ganz ruhig zu werden.
Wir denken über uns nach: Was bewirkt der Schein, der von unserem Lebenslicht ausgeht?

L spielt jetzt ein Stück leiser Musik ein.

Zum Abschluß können die Jesusworte vom Licht vorgelesen werden: Mt 5,14-16; Joh 8,12.

(4) Wir entdecken Licht

In der Kreismitte steht eine brennende Kerze. Jede(r) TN hat vor sich eine kleine Kerze (Teelicht) stehen, die noch nicht angezündet ist.

L spricht:
Wir wollen jetzt ganz ruhig werden und in die Mitte auf die brennende Kerze schauen.
Sie spendet Licht.
Sie macht unseren Raum hell.

Ich möchte euch (Sie) jetzt einladen, nacheinander die kleinen Kerzen an der großen Kerze in der Mitte zu entzünden.
Wenn jemand auf seinen Platz zurückgekehrt ist, geht erst der nächste.

Jetzt hat jeder und jede von uns eine kleine Kerze vor sich stehen.
Wir schauen nun auf unsere Kerze.
Wir nähern unsere Hände der kleinen Flamme.
Wir spüren die Wärme und lassen sie durch unsere Hände dringen.
Aber Vorsicht! Nicht zu nah! Man kann sich auch verbrennen!

Wir haben Licht und Wärme in uns aufgenommen.
Wir entspannen uns.

Diese Übung ist auch denkbar mit nur einer Kerze. Die TN werden dann aufgefordert, einzeln zur Kerze in der Mitte zu gehen und die Wärme der Flamme zu spüren.

(5) Licht durchscheinen lassen

Alle sitzen im Kreis. In der Mitte steht eine Kerze. Die TN haben eine selbstgebastelte Laterne vor sich stehen. (Falls nicht so viele selbstge-bastelte Laternen da sind, kann man auch eine Laterne neben die Kerze stellen.)

L spricht:
Wir sehen auf die Kerze in der Mitte.
Sie spendet Licht und Wärme in dunklen Zeiten.
Die Flamme flackert.
Sie ist gefährdet durch den Wind,
durch Menschen, die das Licht lieber löschen möchten.

Wir haben das Licht geschützt.
Einen schützenden Mantel haben wir darumgebaut,
aber einen, der das Licht noch durchscheinen läßt.
Einen Mantel, der das Licht in vielen Farben widerspiegelt.

Geschütztes Licht hilft vielen Menschen:
im Schacht eines Bergwerks,
auf dunklen Wegen,
zur Beleuchtung von gefährlichen Hindernissen,
überall dort, wo Menschen Licht brauchen und ungeschützt sind.

Gott möchte, daß wir sind wie diese Laternen:
Daß wir sein Licht in vielen Farben
durchscheinen lassen, für alle Menschen, die mit uns leben,
für die ganze Schöpfung.

8. Spiel und Aktion

(1) Die vier Kerzen

Siehe Abschnitt 3 Nr. 4.

In der Mitte brennen vier Kerzen an einem Adventskranz. Wenn die Kerzen ihre Namen nennen, kommt jemand in den Vordergrund und hält ein Plakat mit dem entsprechenden Namen hoch (Friede/Glaube/Liebe/Hoffnung). Die ersten drei Personen, die zum Kranz treten, löschen jeweils eine Kerze. Wenn eine Kerze verlöscht, wird das entsprechende Plakat gesenkt. Die vierte Person, die zum Kranz tritt, zündet die anderen drei Kerzen an der einen brennenden wieder an. Die Plakate werden wieder hoch gehalten.

(2) Die vier Lichter des Hirten Simon

Siehe Abschnitt 3 Nr. 6.

Die Kulissen werden jeweils mit bunten Tüchern gelegt. Die Spielfläche muß der Geschichte entsprechend eingeteilt werden oder das Bühnenbild nach und nach geändert werden. Auch die Kostüme der handelnden Personen können aus bunten Tüchern hergestellt werden.
Zur Geschichte, die vorgelesen wird, wird pantomimisch gespielt.
Es kann auch eine Verklanglichung einbezogen werden (siehe Abschnitt 4 Nr. 16).

(3) Osterspiel mit Kerzen

Auf dem Tisch steht eine einzige brennende Kerze.
Erster Sprecher: Gott schickte Jesus nach Jerusalem.
Zweiter Sprecher: Er ritt auf einem Esel in die Stadt, und
                          viele Menschen riefen ihm zu:

Alle:	Du bist unser König! Du bist unser König! Gott hat dich geschickt!
Dritter Sprecher:	Jesus aß und trank mit seinen Freunden. Er sagte aber auch:
Vierter Sprecher:	Ich werde bald sterben müssen. Einer von euch wird mich verraten.
Alle:	Ich nicht! Ich nicht! Nein, ich nicht!
Fünfter Sprecher:	In der Nacht betete Jesus zu Gott!
Vierter Sprecher:	Vater! Was du willst, soll geschehen.
Sechster Sprecher:	In der Nacht nahmen die Soldaten Jesus gefangen. Seine Freunde liefen davon. Sie hatten Angst.
Alle:	Ich kenne diesen Jesus nicht. Nein, wir kennen diesen Jesus nicht.
Siebter Sprecher:	Sie quälten Jesus. Sie schlugen ihn.
Achter Sprecher:	Sie stellten ihn neben einen Verbrecher. Dann fragten sie:
Neunter Sprecher:	Sollen wir diesen Jesus freilassen? Da riefen die Leute:
Alle:	Ans Kreuz mit ihm! Ans Kreuz mit ihm!
Zehnter Sprecher:	Sie hängten Jesus an das Kreuz.
Elfter Sprecher:	Sie hängten Gottes Sohn an das Kreuz.
Vierter Sprecher:	Vater, vergib ihnen! Sie wissen nicht, was sie tun.
Zwölfter Sprecher:	So starb Jesus am Kreuz.

Einer geht ganz langsam zum Tisch und bläst die Kerze aus. Alle sitzen ganz still. Ein Kind geht zum Tisch und zündet die Kerze wieder an, so daß sie hell strahlt.

Es sagt:	Freut euch mit mir! Jesus lebt! Er hat den Tod besiegt!

Jetzt geht jeder zum Tisch und erhält dort eine Kerze, die er an der bereits brennenden Kerze entzündet. Es werden immer mehr Kerzen Zum Schluß sagt der Spielleiter: Jetzt können wir fröhlich Ostern feiern. Die Kinder gehen aufeinander zu, geben sich die Hände und wünschen sich frohe Ostern.

Rolf Krenzer

Aus: Rolf Krenzer, Glauben erlebbar machen. Spielgeschichten zur religiösen Erziehung im Kindergarten, Verlag Herder, Freiburg 4. Auflage 1989.

(4) Licht einer Kerze entdecken

Alle sitzen im Kreis. In der Mitte steht eine brennende Kerze. Zu leiser Musik beobachten die Teilnehmer(innen) die Kerzenflamme, ihre Form und Farbe, Bewegung. Sie gehen einzeln zur Kerze und spüren ihre Wärme. Sie tauschen ihre Beobachtungen aus.

(5) Assoziationsspiel Licht

Eine brennende Kerze steht in der Mitte. Alle Teilnehmer(innen) nennen spontan, was ihnen beim Licht der Kerze einfällt. Man kann die Kerze auch auf einen großen Bogen Papier stellen und die Teilnehmer(innen) auffordern, ihre spontanen Assoziationen auf die Tapete um die Kerze herum zu schreiben.

(6) Licht und Schatten in Gebäuden beobachten

– Mehrere Gebäude werden besichtigt (z.B. Kirchen unterschiedlicher Epochen) und auf den Lichteinfall hin beobachtet. Woher kommt das Licht? Wie wirkt in dem entsprechendem Raum das Spiel von Licht und Schatten?
– Eine Kirche wird unter der gleichen Beobachtungsaufgabe zu unterschiedlichen Tages- und Jahreszeiten beobachtet.

(7) Lichtquellen

Verschiedene Lichtquellen (Kerze/Neonlicht/Schreibtischlampe/Diaprojektorlicht/Scheinwerfer/Taschenlampe) werden auf ihr unterschiedliches Licht hin geprüft. Wenn man einen Gegenstand in die Lichtquelle stellt, wie sieht der Schatten aus? Die unterschiedlichen Lichtquellen werden beschrieben.

(8) Experiment: Licht unter einen Eimer stellen

Entsprechend dem Bibeltext vom Licht unter dem Gefäß (Mt 5,14-16) wird das Experiment durchgeführt: Was passiert, wenn ich ein Gefäß (Blechtopf oder Eimer) über eine brennende Kerze stülpe?

(9) Licht und Dunkel

– Wir betreten einen ganz verdunkelten Raum mit einer brennenden Kerze. Was beobachten wir? Was geschieht, wenn jeder dann nach

und nach eine weitere Kerze anzündet? Wir stellen alle Kerzen in die Mitte und schauen uns den Raum an, wie die flackernden Kerzen Licht und Schatten werfen.
– Wir treten aus einem verdunkelten Raum plötzlich ins Freie. Dort scheint die Mittagssonne. Was geschieht?

(10) Laternenumzug am Martinstag

Am Martinstag, dem 11. November, machen wir mit unseren selbstgebastelten Laternen einen Laternenumzug durch die Straßen unseres Ortes. So bringen wir Licht in die Welt, wie es der heilige Martin getan hat.

(11) Zu Liedern Adventskerzen anzünden

Entsprechend den Strophen eines Liedes werden die Kerzen am Adventskranz angezündet (siehe Abschnitt 4 Nr. 10).

(12) Licht in die Einsamkeit bringen

Wir gestalten eine Advents-/Weihnachtskerze und schenken sie einsamen, alten, kranken Menschen oder anderen Menschen in Not. Wir verbinden das mit einem längeren Besuch und bringen so etwas Licht in das Leben anderer Menschen.

(13) Das Adventslicht durch die Gemeinde tragen

Wir binden einen Adventskranz und lassen ihn am ersten Advent im Gottesdienst segnen. Dann wird er an jedem Tag des Advents von einem Haus zum anderen getragen. Die Menschen, die sich dabei begegnen, lernen sich kennen, reden miteinander und machen in einem kurzen Gebet, Lied oder einer Geschichte deutlich, daß wir gemeinsam auf die Ankunft Jesu warten.
(Es empfiehlt sich, am Sonntag vor dem Advent eine Liste mit allen Adventstagen in der Kirche bereitzulegen, damit sich alle eintragen können, wann sie den Kranz gebracht haben möchten.)
Der Adventskranz wird an Weihnachten (in der Krippenfeier für Kinder oder der Christmette) wieder zurück in die Kirche gebracht.

(14) Licht der Osternacht nach Hause tragen

Wir versuchen, das Licht der Osternacht behutsam nach Hause zu tragen, so, daß es nicht verlöscht. Wir bringen das brennende Licht denen, die nicht an der Auferstehungsfeier teilnehmen konnten.

(15) Licht von der Osterkerze

Siehe Abschnitt 3 Nr. 7.

Wir lesen die Geschichte. Wie die Kinder mit ihrem Lehrer in der Geschichte ihre Lichter anzünden und löschen, wenn sie einen Fehler bekannt haben, so kann es auch in einer kleinen Gruppe geschehen. Hinterher werden die Kerzen an der Osterkerze neu entzündet.

(16) Tastspiele im Dunkeln

– Alle Teilnehmer(innen) gehen in einem ganz verdunkelten Raum umher und versuchen dabei, sich nicht zu berühren oder anzustoßen.
– In einem Raum ist ein Parcours/ein Labyrinth aus Stühlen aufgestellt. Die Teilnehmer(innen) versuchen, mit verbundenen Augen oder im verdunkelten Raum, durch das Labyrinth zu finden.
– In der Mitte eines verdunkelten Raumes liegt ein Gegenstand (mehrere Gegenstände, oder es sitzt dort ein Mensch). Ein(e) Teilnehmer(in) versucht zu ertasten, wen oder was er (sie) da vor sich hat.

Nach den Spielen sollten die Erfahrungen jeweils ausgetauscht werden.

(17) Lichterstaffette

Es werden zwei Mannschaften gebildet. Jede Mannschaft erhält eine brennende Kerze. Um die Wette müssen nun die Mitspieler beider Mannschaften eine bestimmte Strecke (Wendepunkt um einen Stuhl) zurücklegen und die Kerze am Ende der Strecke an den (die) nächste(n) Mitspieler(in) weiterreichen. Das Licht darf dabei nie ausgehen. Wenn es verlöscht, muß der entsprechende Spieler die Strecke noch einmal von vorne beginnen. Das Licht darf nicht mit einer Hand geschützt werden. Die Mannschaft, die zuerst fertig ist, hat gewonnen.

(18) Licht heranziehen

Zwei Spieler(innen) spielen um die Wette. Auf einer Streichholz-schachtel wird eine Weihnachtsbaumkerze befestigt. An der Schachtel wird ein Bindfaden befestigt. Die Schachtel mit der brennenden Ker-ze wird in 2-3 m Entfernung der Spieler(innen) aufgestellt. Die Spie-ler(innen) halten das Ende des Fadens in der Hand. Auf ein Startzei-chen hin wickeln sie den Faden auf und ziehen so die Schachtel mit der Kerze zu sich heran. Die Kerze darf dabei nicht umfallen oder verlöschen. Wer die Schachtel zuerst über die Zielgerade zu den Fü-ßen der Mitspieler(innen) gezogen hat, ist Sieger(in).

(19) Spiel zu Jesaja 9,1

Die Teilnehmer(innen) werden aufgefordert, die Dunkelheit, in der das Volk Israel lebt, mit Tüchern auf dem Boden darzustellen.
Sie versuchen dann, durch ihre Körperhaltungen deutlich zu machen, wie es den Menschen geht, die in diesem Land der Dunkelheit leben müssen: Kopf hängen lassen, zusammenkauern, das Gesicht verber-gen.
Sie versuchen, den Menschen im Land der Dunkelheit Sprache zu geben, etwa: Ich bin allein. Ich bin traurig. Ich bin verzweifelt ...

Jetzt wird ein gelbes Tuch über die dunklen Tücher gelegt (oder eine brennende Kerze in die Mitte gestellt). Der Text Jesaja 9,1 wird vor-gelesen. Alle versuchen, ihre niedergeschlagene Haltung zu verändern in eine Haltung, die Sehnsucht und Hoffnung ausdrückt (Kopf heben, Hände ausstrecken nach dem Licht, nach oben).
Alle versuchen, ihre Sehnsüchte und Hoffnungen zu benennen.

Sonne

1. Einführung in das Symbol

Die Sonne, das ist seit Menschengedenken der Inbegriff von Leben und Macht. Die Sonne, die das Dunkel der Nacht vertreibt, die den neuen Tag ankündet. Die Sonne bestimmt den Tageslauf, sie gibt dem Menschen am unmittelbarsten ein Gefühl für die Zeit. Die Sonne spendet Leben, ihr wenden die Pflanzen sich zu, ihr wachsen sie entgegen. Ohne Sonne kann kein Leben gedeihen. Jeder kennt wohl das Gefühl des Wohlbefindens und der Freude, wenn nach grauen Tagen oder nach einer durchwachten Nacht die ersten Sonnenstrahlen zu sehen und zu spüren sind. Sonne, das ist Energie. Die Kraft der Sonne ist die Energie des Lebens. Menschen spürten immer schon ihre wärmende, lebenspendende Kraft.

Die Sonne wurde aber auch als mächtig und groß, ja als bedrohlich empfunden. Kein Mensch kann in die pralle Sonne schauen, sie blendet und verbrennt die Augen, und sie ruft Dürre hervor.

Vielleicht ist es gerade diese Doppelseitigkeit von Lebenspenden und Unnahbarkeit, die Menschen dazu veranlaßt hat, die Sonne als den höchsten Gott (in der Vorstellung meist als männliche Gottheit) anzubeten und zu verehren. Ein Beispiel dafür ist der »Sonnengesang« des ägyptischen Pharao Echnaton oder auch der Sonnenkult der Inkas, die ihren obersten Herrscher als Gottheit, als »Sohn der Sonne« verehrten und die Angehörigen ihrer Herrscherklasse in »große« und »kleine« Sonnen gliederten.

Im christlichen Umfeld ist die Sonne das österliche Symbol schlechthin. Die alte Tradition, die vielerorts wieder auflebt, läßt die österliche Auferstehungsfeier zur Zeit des Sonnenaufgangs stattfinden, wenn dann in dem Miterleben des Sonnenaufgangs bildhaft verdeutlicht wird, was wir Ostern feiern und singen: »Befreit sind wir von Angst und Not, das Leben hat besiegt den Tod, der Herr ist auferstanden!« Die Sonne als österliches Symbol wird auch dort lebendig, wo Menschen nach einem alten Brauchtum auf einem Berg »Sonnenräder« aus Stroh anzünden und brennend den Berg hinunterrollen lassen. Nicht zuletzt wird Christus selbst mit der Sonne verglichen, wenn es z.B. in einem alten Hymnus heißt:

Christus, du Sonne unsres Heils,
vertreib in uns die dunkle Nacht,
daß mit dem Licht des neuen Tags
auch unser Herz sich neu erhellt.

2. Biblische Bezüge

(1) Die Sonne als Teil der Schöpfung

Genesis 1,14-19

Psalm 136,1-3.7-9
148,1-6

(2) Schönheit der Sonne

Psalm 19,1-7

Jesus Sirach 43,1-13

(3) Die Sonne als Teil einer Vision, als Zeichen

Jesaja 30,26
Joël 3,3-4
Markus 13,24-27

Lukas 23,44-46
Offenbarung 12,1-2

(4) Gott leuchtet wie die Sonne

Habakuk 3,3-4

Offenbarung 22,3-5

3. Geschichten/Texte

(1) Sonne

Du liegst im Gras.
Die Mücken summen, und eine Amsel baut in der Hecke ein Nest.
Der Himmel verschwimmt über dir.
Blau, grenzenlos, weit.

Du streckst deine Beine, deine Arme hinauf, möchtest fliegen,
grenzenlos, weit.
Du weißt, dort draußen sind Sterne, Planeten, Milchstraßen,
andere Sonnen.
Und da ist unsere Sonne, sie hat dir den Boden angewärmt
wie ein Bett.
Du stehst auf und gehst rüber zu dem alten Bauernhaus.
Die Balken haben breite Risse. Von Sonne und Regen, seit hundert
Jahren. Unter dem Dach kleben Schwalbennester.
Leg dein Ohr ans Scheunentor.
Du hörst die Tiere. Die Kette schlurft am Futtertrog entlang.
Gleichmäßig atmen die Tiere.
Bläulich kringelt der Rauch aus dem Schornstein, vermischt sich
und verliert sich in der unendlichen Bläue des Sommertages.
Zieh dein Hemd aus, und halte dein Gesicht unter den frischen
Wasserstrahl des Brunnens.
Zieh deine Schuhe aus, und geh langsam über die warme Erde
den Feldweg entlang.
Es duftet nach Kamille und Salbei.
Bleib stehn.
Nimm ein Stück Erde auf, und zerbrösel es zwischen den Händen.
Sieh dem Staub nach, den der warme Wind zwischen die reifen
Maisfelder weht.
Und jetzt mach aus deinen Armen einen großen Kreis, und halt ihn
der Sonne entgegen. Mach deine Augen dabei zu,
spür bloß die Wärme.
Und atme tief den Geruch der Erde und der Maisblätter.
Bleib so lang wie möglich draußen zwischen den Feldern.
Geh erst zurück, wenn die Sonne verglüht ist und hinter
dem Wald verschwindet.
Geh zurück und erzähl, was du erlebt hast.

Frieder Stöckle

Aus: Rolf Krenzer (Hg.), Ich wünsch' dir einen guten Tag. Werkbuch für Religion und
Gottesdienst, Lahn-Verlag, Limburg 1983, Rechte beim Autor.

(2) Schenken macht nicht ärmer

Die Sonne zog am Himmel hin, heiter und stolz auf ihrem Feuerwagen. Voller Freude streute sie ihre goldenen Strahlen nach allen Seiten, zum großen Ärger einer grauen, schlechtgelaunten Wolke, die murrte: »Verschwenderin, Vergeuderin, wirf deine goldenen Strahlen nur weg, wirf sie nur weg, du wirst schon sehen, was du am Schluß übrigbehältst.«

Jede kleine Traube, die im Weinberg auf ihrem Rebstock reifte, holte sich in der Minute einen goldenen Sonnenstrahl, ja sogar zwei, und da waren kein Grashalm, keine Spinne, keine Blume, kein Wassertropfen, die sich nicht ihren Teil Sonne genommen hätten.

»Laß dich nur von allen ausrauben, du wirst schon sehen, wie sie dir dafür danken, später, wenn du nichts mehr hast«, brummte die Wolke. Die Sonne aber setzte fröhlich ihre Reise fort und verschenkte großmütig ihre Strahlen nach rechts und links, Millionen, Milliarden goldener Strahlen.

Erst als die Dämmerung heraufkam, zählte sie die Strahlen, die ihr geblieben waren: Und schaut her! Es fehlt ihr nicht einer. Keiner. Nicht ein einziger. Die graue Wolke aber, von Staunen und Zorn übermannt, platzte in lauter eisige Hagelschloßen auseinander. Die Sonne aber tauchte fröhlich ins Meer.

Gianni Rodari

Aus: Gianni Rodari, Gutenachtgeschichten am Telefon, © K. Thienemanns Verlag, Stuttgart-Wien.

(3) Wie die Sonne in das Land Malon kam

Malon heißt das Land, von dem die Geschichte erzählt. Hinter hohen Bergen liegt es versteckt. Die Sonne – sie stieg niemals über die Bergspitzen. So war es in diesem Land immer Nacht – stockfinstere Nacht.

Die Malonen – so heißen die Einwohner dieses Landes – trugen immer Windlichter mit sich herum. So hatten sie etwas Helligkeit, einen Schimmer von Licht in ihrer Finsternis. Sie waren eigenartige Leute, diese Malonen. Jeder von ihnen wohnte ganz allein in seinem Haus. Jedes Haus wieder war von einer hohen Mauer umgeben. Kein Malone mochte nämlich den anderen leiden. Keiner war mit dem anderen befreundet. Einer war dem anderen neidig und mißtraute ihm.

Da geschah es eines Tages! Es kam ein Wanderer nach Malon, in das
Land hinter den hohen Bergen. Das Gesicht des Fremden war hell
und freundlich. Seine Augen leuchteten.
Die Malonen waren sehr verwundert. Keiner von ihnen konnte sich
erinnern, daß jemals ein Fremder zu ihnen gekommen war. Auch der
Wanderer war erstaunt über das seltsame Land, in dem der Tag so
finster war wie die Nacht. »Wo ist die Sonne?« fragte der Fremde.
»Die Sonne, was ist das? Wir haben noch nie etwas davon gehört«,
antworteten ihm die Malonen. Allein ein uralter Malone erinnerte
sich, vor langer Zeit etwas von der Sonne gehört zu haben, und er bat
den Wanderer: »Erzähle uns etwas von der Lampe am Himmel, von
der großen Himmelsleuchte.« Da begann der Wanderer zu erzählen.
»Die Sonne«, sprach er, »ist eine helle, gelbe Scheibe. Jeden Morgen
steigt sie am Himmel auf. Rot leuchtet sie zuerst. Dann wird sie gelb.
Wenn sie hoch am Himmel steht, strahlt sie wie Gold und schickt
Licht und Wärme auf die Erde. Ihre wärmenden Strahlen wecken die
Vögel in den Nestern. Singend und jubilierend begrüßen sie den neu-
en Tag, sein helles Licht. In der Sonne öffnen sich die Knospen der
Sträucher und Bäume. Die Blüten lassen ihren süßen Duft verströ-
men. Die Sonne lockt das grüne Gras aus dem Boden. Die Blumen
öffnen ihre Blütenkelche. Die Sonnenblume dreht ihr Gesicht dem
Licht der Sonne zu. Die Jungen und Mädchen reiben sich in der
Morgensonne den Schlaf aus den Augen und rufen: Heute scheint die
Sonne! Gott sei Dank! Sie lassen die warmen Sonnenstrahlen auf ihre
Haut scheinen. Sie werden ganz braun gebrannt im Sonnenlicht und
springen voll Freude im Freien umher.«
So wußte der Wanderer wunderschöne Sonnengeschichten zu erzählen, Tag für Tag. Die Malonen horchten mit Augen und Ohren und
kamen aus ihren Häusern mit den hohen Mauern hervor. Sie setzten
sich rund um den Tisch, an dem der Wanderer saß, und lauschten
seinen Geschichten. Ja, sie saßen bald Tag und Nacht und horchten
und staunten. In ihren Herzen aber wuchs ein Verlangen. Eine große
Sehnsucht wurde wach, eine Sehnsucht nach dem Licht der Sonne,
nach ihrer Helligkeit und Wärme.
Eines Tages nun mußte der Wanderer weiterziehen. Er war lange
genug in Malon gewesen. Er sagte: »Wenn man von der Sonne erzählt, muß man sie immer wieder sehen, sonst wird ihr Bild in einem
schwach. Es verblaßt.« So nahm der Fremde von den Malonen Abschied und zog weiter.

Die Malonen waren sehr traurig, daß ihnen niemand mehr von der Sonne erzählte. Was sollten sie jetzt tun? Sollten sie wieder in ihre Häuser zurückkehren? Sollte jeder hinter seiner hohen Mauer verschwinden? Nein, das wollten sie nun nicht mehr. Das hätte sie wieder so einsam gemacht. Beisammensein, miteinander reden und essen, einander helfen, hatten sie erfahren, ist schöner. Auch gaben die vielen Windlichter zusammen mehr Schein als nur eins. So blieben sie zusammen und arbeiteten miteinander. Jeden Morgen aber zogen sie hinaus aus ihrer Stadt auf einen Hügel und riefen gemeinsam:

»Sonne, liebe Sonne fein,
komm mit deinem Sonnenschein,
komm in unser Haus hinein,
Sonne, liebe Sonne!«

Da geschah eines Tages das Wunder. Es wurde hell und heller. Hinter den Bergen stieg strahlend schön die Sonne empor. Rot leuchtete sie zunächst. Dann wurde sie gelb. Als sie ganz hoch am Himmel stand, glänzte sie wie pures Gold. Voll Freude riefen die Malonen: »Schaut, jetzt ist sie da! Das muß sie sein – die Sonne, das Licht, auf das wir so lange warteten.« Die Malonen streckten ihre Arme und Hände der Sonne entgegen. Sie sangen und tanzten vor Freude, da es endlich auch bei ihnen hell und warm geworden war.

Christine Mühlberger

Aus: Christine Mühlberger, Wie die Sonne in das Land Malon kam, RPA-Verlag, Landshut.

(4) Der Traum

Er war sehr glücklich über den guten Tag, über das Gefüge der Zeit, das so dicht am Sinn war. Der Tag war wohl gut, weil er sich nicht geweigert hatte, dem einen Satz zu trauen: Ich brauche dich. So war er sehr glücklich über den guten Tag, weil das Glück ein zerbrechliches Geschenk ist. Das Wesen aber des Schenkens ist die Liebe, wie das Wesen der Liebe das Schenken ist. Als er das erkannte, begann er seinen wichtigen Traum: Ich will Sonnenstrahlen züchten! Ja, das will ich: Sonnenstrahlen züchten. Dann machte er sich auf den Weg.
Zuerst kam er in ein großes, gläsernes Haus mit vielen, vielen Schildern. Dort traf er einen Mann in einem weißen Kittel.
»Entschuldigen Sie bitte«, sagte er, »ich brauche Hilfe, ich möchte

Sonnenstrahlen züchten!«

»Da kann ich Ihnen nicht helfen«, sagte der andere, »wir produzieren hier ausschließlich Gonomaturene und Intoxilaturen.« Dann verschwand der weiße Mann im gläsernen Haus.

Es dauert nicht lange, da geriet er an ein Stahlgerüst. Da stand einer mit blauem Helm.

»Entschuldigen Sie«, sagte er, »ich brauche Hilfe, ich möchte Sonnenstrahlen züchten.«

Da sagte der Blaue wichtig: »Fremder Mann, ich bin für den Fahrstuhl zuständig, für nichts anderes, auch nicht für Sonnenstrahlen.« Der Blaue drückte auf den Knopf, und im Rattern der Räder verlor sich die Enttäuschung.

Der Weg führte ihn weiter in eine Bar. An der Theke sprach er das Mädchen an: »Können Sie mir helfen? Ich möchte Sonnenstrahlen züchten.« Sie zuckte nur kalt mit den Schultern und zischte: »Mach, daß du raus kommst, Kleiner!«

So geriet er schließlich auf einen großen Platz, wo es von Menschen nur so wimmelte, und immer wieder sprach er Leute an mit der Frage, ob sie ihm helfen könnten, Sonnenstrahlen zu züchten. Aber sie alle schüttelten den Kopf, wandten sich ab, machten hämische Bemerkungen oder lachten laut.

So ging er weiter und gelangte auf einen riesigen Hof, fand sich plötzlich vor lauter blankgeputzten Stiefeln und hörte laute Kommandos. »Herr Soldat«, sagte er zu dem mit den blankesten Stiefeln, »ich brauche Hilfe, ich möchte Sonnenstrahlen züchten.« Keine Antwort.

Da traf er im Park eine alte Frau, die mit einem Kind spielte. Auch sie fragte er und hörte zu seiner Überraschung: »Warum züchten? Hol sie dir!« Und dabei wies sie behutsam auf das Kind.

Peter Spangenberg

Rechte beim Autor.

(5) Vom König, der Gott sehen wollte

Ein König, der Gott sehen wollte, drohte allen Weisen und Priestern schwerste Strafen an, wenn es ihnen nicht gelänge, ihm Gott zu zeigen. Als alle schon verzweifelten, kam ein Hirte, der den König auf einen freien Platz führte, ihm die Sonne zeigte und sagte: »Sieh hin!« Sofort senkte der König geblendet den Kopf und rief: »Willst du, daß ich erblinde?« »Aber König«, sagte der Hirte, »die Sonne ist doch nur ein Ding der Schöpfung, ein schwacher Abglanz seiner Größe ... Wie willst du Ihn selber aushalten können!«

Leo N. Tolstoi

(6) Heilige sind Menschen, durch die die Sonne scheint

Günter ging mit seiner Mutter einkaufen. Auf dem Weg zum Markt kamen sie an einer großen Kirche vorbei. Günter schaute an der Kirche hoch und sagte: »Mutti, guck mal, die großen Fenster sind ja ganz schön schmutzig, die sehen aber gar nicht schön aus.«
Die Mutter sagte nichts, sondern nahm Günter an der Hand und ging mit ihm in die Kirche hinein. Hier waren die Fenster, die von außen ganz grau und schmutzig aussahen, plötzlich strahlend bunt und leuchteten in den hellsten Farben. Da staunte Günter, und er schaute sich die Fenster genau an. Vorne über dem Altar war ein auffallend schönes Fenster zu sehen – mit vielen Heiligenfiguren. Und durch eine Figur strahlte gerade die Sonne hindurch, so daß sie besonders hell war. Günter fragte: »Mutti, wer ist das?«
»Da vorne«, antwortete die Mutter, »das ist ein Heiliger, der heilige Martin.« Das hatte sich Günter gut gemerkt.
Ein paar Tage später hatte die Klasse Religionsunterricht. Plötzlich fragte der Lehrer: »Wer von euch kann mir sagen, was ein Heiliger ist?« Da war großes Schweigen in der Klasse. Nur Günter zeigte auf und sagte: »Ich weiß es, ein Heiliger, das ist ein Mensch, durch den die Sonne scheint!«

Heinrich Engel

Aus: Willi Hoffsümmer, Kurzgeschichten 2, Matthias-Grünewald-Verlag, Mainz 7. Auflage 1990, Rechte unbekannt.

(7) Sonne

Funkelnd stehst du am Himmelszelt,
verschenkst deinen Glanz an unsere Welt.
Mit deinen Strahlen erwärmst du das Feld,
das fleißig der Bauer im Herbst bestellt.
Dein sprühendes Licht läßt das Korn aufgehen:
Durch dich entsteht Leben, durch dich bleibt's bestehen.

Du gibst uns den Tag und die Ruhe der Nacht.
Du leuchtest dem Mond, der den Schlaf bewacht.
Im Dämmern schon hab' ich die Vögel vernommen,
die zwitschernd verkünden dein baldiges Kommen.
Dann steigst du empor, und die Vögel singen.
Die Menschen erwachen: Der Tag wird gelingen.

Die Blumen wenden die Blüten dir zu.
Trifft sie dein Strahl, öffnen sie sich im Nu.
Die Mücken spielen im Sonnenschein.
Die Schlange sonnt sich auf dem Stein.
Alles, was lebt, wächst, Sonne, durch dich:
Du erhältst die Blume, die Mücke und mich.

Wärst, Sonne, du uns nicht von Gott gegeben,
würde sich auf der Erde kein Leben regen.
Durch Gott hast du Kraft, uns Wärme zu schenken.
Durch Gott vermagst du, die Zeiten zu lenken.

Gott ist der Schöpfer von Sonne und Licht.
Mensch, du Geschöpf, vergiß das nicht!

Charles Singer/Deutsch von Heidi Kaiser

Rechte bei der Autorin.

(8) Der Sonnengesang des Pharao Echnaton

Du erscheinst so schön im Lichtorte des Himmels,
du lebendige Sonne, die zuerst zu leben anfing!
Du bist aufgeleuchtet im östlichen Lichtorte
und hast alle Lande mit deiner Schönheit erfüllt.
Du bist schön und groß, glänzend und hoch über allen Landen.
Deine Strahlen umfassen die Länder, bis zum
Ende alles dessen, was du geschaffen hast;
du bist die Sonne und dringst eben deshalb bis an ihr äußerstes Ende.
Du bändigst sie deinem geliebten Sohne.
Du bist fern, und doch sind deine Strahlen auf der Erde;
du bist im Angesicht der Menschen, und doch kennt man deinen Weg
nicht.
Gehst du zur Rüste im westlichen Lichtorte,
so ist die Welt in Finsternis, wie im Tode.

Du vertreibst die Finsternis,
sobald du deine Strahlen spendest.
Die beiden Länder sind in Festesstimmung.
Du machst die Jahreszeiten, um sich entwickeln zu lassen alle deine
Geschöpfe,
den Winter, um sie zu kühlen,
die Glut des Sommers, damit sie dich kosten.
Du hast den Himmel gemacht fern von der Erde,
um an ihm aufzuleuchten,
um alles, was du, einzig und alleine du, geschaffen hast, zu sehen,
wenn du aufgeleuchtet bist in deiner Gestalt als lebendige Sonne,
erschienen und glänzend, fern und doch nah.
Du machst Millionen von Gestalten aus dir, dem Einen,
Städte, Dörfer, Äcker, Weg und Strom.
Alle Augen erblicken dich sich gegenüber,
indem du die Sonne des Tages bist über der Erde.
Wenn du davongegangen bist, (...)
(und nicht) Einer mehr (sieht), was du geschaffen hast,
so bist du doch noch in meinem Herzen.
Es gibt keinen andern, der dich wirklich kennte,
außer deinem Sohne König Nefercheprurê-Wanrê;
du läßt ihn kundig sein deiner Pläne und deiner Macht.
Die Welt befindet sich auf deiner Hand,
wie du sie geschaffen hast.
Wenn du aufgeleuchtet bist, leben sie;
wenn du zur Rüste gehst, sterben sie.
Du bist die Lebenszeit selbst, man lebt in dir.
Die Augen schauen Schönheit, bis du zur Rüste gehst.
Niedergelegt werden alle Arbeiten, sobald du zur Rüste gehst zur
Rechten.
Wenn du wieder aufleuchtest,
so läßt (du jeden Arm) sich rühren für den König,
und (Eile) ist in jedem Beine,
seit du die Welt gegründet hast.
Du erhebst sie wieder für deinen Sohn,
der aus deinem Leibe hervorgekommen ist,
König Echnatôn und die Königin Nefernefruatôn-Nofretête.

(9) Kannst du mir Gott zeigen?

»Kannst du mir Gott zeigen?«
»Vielleicht ist es mit Gott wie mit der Sonne.«
»Wie ist es denn mit der Sonne?«
»Nun, du weißt ja: Die Sonne geht am Morgen auf und macht es hell
und warm bei uns. Blumen und Bäume, Tiere und Menschen können
leben, weil sie da ist. Ohne Sonne würde alles Leben erstarren.«
»Aber immer scheint die Sonne auch nicht.«
»Selbst wenn dunkle Wolken über uns sind und den Tag grau machen:
Über den Wolken strahlt die Sonne doch. Ich denke, ähnlich ist es mit
Gott.«
»Aber nie können wir Gott sehen, auch nicht an hellen Tagen.«
»Nicht mit den äußeren Augen. Wer Gott sehen will, muß seine inne-
ren Augen öffnen ...«

Hubertus Halbfas

Aus: Hubertus Halbfas, Religionsbuch 2. Schuljahr, Patmos Verlag, Düsseldorf 5. Auflage 1991.

4. Lieder/Tanz und Musik

(1) Ich freu' mich, daß die Sonne lacht

2. Ich freu' mich, wenn die Blumen blühn.
   Sie leuchten in dem frischen Grün.
   Willst du die schönen Blumen sehn?
   Ich zeig' dir, wo sie stehn.

3. Ich freu' mich, daß ein Vogel singt
   und über mir sein Lied erklingt.
   Ich pfeife fröhlich mit, und du,
   du summst ganz leis dazu.

4. Ich freu' mich, daß im Sonnenschein
   das Wasser lädt zum Baden ein.
   Wir spritzen uns ein bißchen naß
   und haben unsern Spaß.

5. Ich freu' mich, daß man Erdbeer'n dann
   in unserm Garten pflücken kann.
   Und wenn du Lust auf Erdbeer'n hast,
   bist du heut unser Gast.

6. Ich freu' mich, wenn ein Käfer brummt
   und eine Biene lustig summt.
   Ich freu' mich über diesen Tag
   und weil ich dich so mag.

7. So will ich für den Sonnenschein
   von Herzen froh und dankbar sein.
   Ich freu' mich, daß die Sonne lacht
   und alle fröhlich macht.

T: Rolf Krenzer   M: Ludger Edelkötter
Aus: Halte zu mir heute, guter Gott
Alle Rechte im Impulse-Musikverlag, 4406 Drensteinfurt.

Spielanleitung:

Dieses Lied eignet sich dazu, es pantomimisch nachzuspielen, möglichst paarweise.

1. Str.: Arme hochwerfen, zu zweit im Kreis hüpfen.
2. Str.: Blumen im Gras mit dem Finger in die Luft zeichnen, dann rundherum zeigen.

67

3. Str.: Hand an die Ohrmuschel legen und auf die Vögel lauschen, den Arm um die Schultern des (der) Mitspielers (Mitspielerin) legen.
4. Str.: Schwimmbewegungen machen, sich gegenseitig naß spritzen.
5. Str.: Erdbeeren pflücken und sich gegenseitig füttern.
6. Str.: Mit dem Finger die Käfer und Bienen nachmachen, den (die) Partner(in) umarmen.
7. Str.: Wie 1. Str.

(2) Du liebe, liebe Sonne

1. Du lie-be, lie-be Son - ne, be-schei-ne
mich, laß Gu-tes in mir wach-sen, das bitt' ich dich.
2. Gott hat dich an-ge-wie-sen, du darfst nicht ruhn, du
mußt nach sei-nem Wil - len nun im - mer tun.

3. (wie 1.) Und wenn wir's nicht verstehen, du nicht und ich,
so wird es doch geschehen, das tröstet mich.

4. (wie 2.) Das läßt mich ruhig schlafen die lange Nacht,
ich weiß, du wirst mich wecken mit deiner Pracht.

5. (wie 1.) Du liebe, liebe Sonne, Gott ist wohl gut.
Bescheine mich, mach wachsen meinen kleinen Mut!

T: Hermann Claudius   M: Gottfried Wolters
Aus: Gottfried Wolters »Das singende Jahr«
Rechte beim Möseler Verlag, Wolfenbüttel.

Tanzbeschreibung:

Alle stehen im Kreis, die Hände durchgefaßt und nach oben ge-
streckt. Schrittfolge: halbe Noten.

Takt 1-4:   Acht Schritte rechts herum gehen.
Takt 5-8:   Vier Schritte in der Mitte, vier Schritte wieder zurück;
              dabei die Arme senken.
Takt 9-12:   Acht Schritte rechts herum um sich selbst drehen.
Takt 13-16:   Hände wieder zum Kreis fassen und acht Schritte links
              herum gehen.

(3) Wenn die Sonne ihre Strahlen

1. Wenn die Son-ne ih-re Strah-len mor-gens durch das Fen-ster
schießt, daß sie dei-ne Na-se kit-zelt, bis du, halb im Schlaf noch,
niest, hat sie ei-ne lan-ge Rei-se stets schon hin-ter sich gebracht, die beginnt, wenn du noch schlummerst, fern im Osten und bei
Nacht. La la la la la la la, la la la la la la la, la la la
la la la la, la la la la la la la. la.

2. Liegst du noch in schönsten Träumen, fängt die Sonnenfahrt schon an,
   langsam rollt sie über China zur Türkei, zum Muselmann,
   läßt die Mongolei im Rücken, war in Rußland, in Tibet,
   sah Arabien und Indien, bis sie hier am Himmel steht.
   Lalala ...

3. Und gehst du am Abend schlafen, reist sie weiter um die Welt,
   klettert westwärts hinterm Walde, hinterm Berge oder Feld,
   flugs in einen anderen Himmel, den von Cuba und Peru,
   und weckt dort die Indianer, und die niesen dann wie du.
   Lalala ...

T: Eva Rechlin   M: Heinz Lemmermann
Aus: Die Zugabe Bd. 3
Alle Rechte im Fidula-Verlag, Boppard/Rhein.

Tanzbeschreibung:

Alle stehen in der Kreisbahn, Hände durchgefaßt.

Refrain: 1. Durchgang jeweils rechts herum hüpfen.
         2. Durchgang jeweils links herum hüpfen.
1. Str.:   Alle heben langsam die Arme und spielen Sonnenstrahlen.
2. Str.:   Alle gehen langsam rechts herum.
3. Str.:   Alle hocken sich hin und »schlafen«.
         Am Ende der Strophe wieder zum Refrain hinstellen.

(4) Bevor die Sonne sinkt

Gotteslob Nr. 702.

Tanzbeschreibung:

Alle stehen im Kreis um eine Mitte und halten sich an den Händen.

1. Str.:   Die Hände offen vor sich hinhalten.
2. Str.:   Die Arme mit geöffneten Händen halbhoch halten (Orante-
         haltung).
3. Str.:   Die Arme ganz hoch heben und sich langsam im Kreis dre-
         hen.
4. Str.:   Wie 1. Str.

(5) Sonne der Gerechtigkeit

Gotteslob Nr. 644.

(6) Ich schenk' dir einen Sonnenstrahl

1. Ich schenk' dir ei-nen Son-nen-strahl, damit du wie-der lachst und an-dern Leu-ten
wie-der mal 'ne klei-ne Freu-de machst. Und
an-dern Leu-ten wie-der mal 'ne klei-ne Freu-de machst.

2. Ich schenk' dir einen Sonnenstrahl,
   dann spürt es jedermann:
   Ein Sonnenstrahl steckt tausendmal
   die andern alle an.

3. Ich schenk' dir einen Sonnenstrahl,
   damit du daran denkst,
   daß du mir einen Sonnenstrahl,
   wenn ich ihn brauche, schenkst.

T: Rolf Krenzer M: Detlev Jöcker
Aus: Liedheft und MC Elefantis Liederwiese
Alle Rechte im Menschenkinder Verlag, 4400 Münster.

Spielanleitung:

1. Str.: Alle gehen durch den Raum, und zwei finden sich. Sie heben
   die rechten Hände und fassen sich an. Dann drehen sie sich so
   im Kreis.

2. Str.: Die Paare, die sich gefunden haben, gehen auf ein anderes
Paar zu, fassen sich mit den rechten Händen in der Mitte
zusammen und drehen sich im Kreis.

3. Str.: Die vier, die sich gefunden haben, bilden eine Kette und suchen sich andere vier. Zu acht Personen führen sie nun die
Hände in der Mitte zusammen und drehen sich im Kreis.

(7) Vom Aufgang der Sonne

T: Psalm 113,3   M: Paul Ernst Ruppel
Aus: Paul Ernst Ruppel »Kleine Fische«
Rechte beim Möseler Verlag, Wolfenbüttel.

Tanzbeschreibung:

Alle stehen im Kreis, von 1-4 wird durchgezählt. Es wird gemeinsam
gesungen und getanzt, dann in vier Gruppen.

1. Teil: Wir beschreiben langsam, von unten nach oben mit den Armen den Aufgang der Sonne.

2. Teil: Wir beschreiben mit den Armen von oben nach unten den
Niedergang der Sonne.

3. Teil: Wir heben die Arme mit den Handflächen nach oben geöffnet.

4. Teil: Wir drehen uns so um uns selber.

(8) Sagt an, wer ist doch diese

Gotteslob Nr. 588.

(9) Sonnentanz

Musik:
Jede langsame, getragene Musik, z.B. Kanon von Pachelbel, Soul Symphonies, oder Kitaro, Silk Road.

Aufstellung:
Geschlossener Kreis: Alle halten sich an den Händen gefaßt. Gesicht zur Mitte.

Tanzbeschreibung:
1. Rechter Fuß rückwärts zurück.
2. Linker Fuß rückwärts zurück.
3. Rechter Fuß mit Gewicht vorverlagern.
4. Linker Fuß mit Gewicht rückverlagern, Wiegeschritt am Platz.
5. Rechter Fuß mit Gewicht vorverlagern.
6. Linker Fuß vorwärts.
7. Rechter Fuß rechts zur Seite, Arme allmählich nach oben führen, Hände nicht lösen.
8. Linker Fuß an rechten Fuß mit Gewicht.

(10) Verklanglichung: Der Tageslauf der Sonne

Vorstellung:	**Verklanglichung:**
Es ist dunkle Nacht.	*Dunkle Töne von der Pauke oder auf Xylophonen.*
Das erste Tageslicht wird sichtbar.	*Tiefe Töne auf dem Glockenspiel/leise Töne auf einer großen Triangel.*
Die Sonne zeigt ihre ersten Strahlen.	*Einen hellen Klang auf den Triangeln.*
Der Sonnenball wird sichtbar.	*Ein etwas verhaltener Cymbelklang/leise Schläge mit einem Filzschlegel auf dem Rand eines Beckens.*
Der Sonnenball wird immer größer und heller.	*Die Schläge auf dem Becken werden allmählich lauter.*

Die Sonne strahlt am Himmel.	*Ein lauter Schlag auf dem Becken, der verhallt.*
Die Sonne geht unter, wie sie aufgegangen ist.	*(Rückwärts nach und nach)*

(11) Verklanglichung: Sonne

Siehe Abschnitt 3 Nr. 1.

Orffinstrumente und andere Geräuschinstrumente liegen in der Mitte. Die Geschichte wird vorgelesen. Gemeinsam wird gesammelt, welche Dinge, Personen und Empfindungen verklanglicht werden sollen. Diese werden auf einer Tapete gesammelt.

Für alle Dinge, Empfindungen und Personen, die in dieser Geschichte beschrieben werden, suchen sich die Mitspieler(innen) geeignete Instrumente aus und erfinden einen Rhythmus oder eine Melodie. Danach einigen sich alle auf bestimmte Instrumente zu dem entsprechenden Ding, der Person oder der Empfindung, die im Klang ausgedrückt werden soll. Jetzt wird die Geschichte vorgelesen, und an den entsprechenden Stellen werden die richtigen Instrumente und Melodiefolgen eingefügt.

(12) Verklanglichung: Schenken macht nicht ärmer

Siehe Abschnitt 3 Nr. 2.

Vorstellung:	**Verklanglichung:**
Sonne	*Becken mit Filzschlegel*
Strahlen	*hohe Töne, immer wieder auf dem Glockenspiel angeschlagen*
Wolke	*dumpfe Trommelschläge (Handtrommel mit Watteschlegel)*

Wir versuchen, das Spielen mit den Instrumenten den Aktionen in der Geschichte anzupassen, während die Geschichte vorgelesen wird.

(13) Verklanglichung: Wie die Sonne in das Land Malon kam

Siehe Abschnitt 3 Nr. 3.

Vorstellung:	Verklanglichung:
Malonen	*Metallophon*
Wanderer	*Blockflöte*
Sonne in der Erzählung	*Cymbeln*
Sonne, die endlich aufgeht	*Becken*

Jetzt wird an der Geschichte entlang überlegt, welche Dinge oder Empfindungen außerdem noch verklanglicht werden sollten und mit welchen Instrumenten. Auf Metallophon und Flöte wird eine kleine Melodie oder Tonfolge erfunden, die dann erklingt, wenn die Personen agieren.

Zum Ruf der Malonen: »Sonne, liebe Sonne ...« wird eine Melodie erfunden. Dann wird zu der Geschichte gespielt.

Zu diesem Text gehen wir in gleicher Weise vor wie oben in Nr. 11.

(14) Verklanglichung: Auferstehung

Siehe Abschnitt 5.

Den einzelnen Farben und Farbflächen wird ein Instrument zugeordnet, dann erst einzeln vorgestellt und gemeinsam gespielt, so daß alle »Farben« hörbar sind.

Vorstellung:	Verklanglichung:
Orange (Ball)	*Becken*
Orange (Flecken)	*Cymbeln*
Gelb	*Triangel*
Weiß	*Fingercymbeln*
Schwarz	*Handtrommel*
Grau	*Schellentrommel*
Rot (Rahmen)	*Holzblocktrommel*

5. Bilder

– Fotos von der Sonne, von Sonnenauf- und -untergängen

– Alfred Manessier: Auferstehung

– Kees de Koort: Gott erschafft die Welt (Sonne)
Aus: Was uns die Bibel erzählt, Deutsche Bibelgesellschaft, Stuttgart.

– Roland Peter Litzenburger: Die gute Schöpfung des Franz von Assisi
Aus: Menschenbild und Gottesbild in der Bibel, Verlag Katholisches Bibelwerk, Stuttgart 1981.

– Regina Schmidt/Gabriele Frison: Die Sonne kommt in das Land Malon
Aus: Wie die Sonne in das Land Malon kam (Bilderbuch), RPA-Verlag, Landshut.

– William Turner: Sonnenuntergang
Aus: av-edition, München/Offenbach 1988.

– Benedikt W. Traut: Kreuz und Sonne
Aus: av-edition, München/Offenbach 1988.

– Frans Masereel: Die Sonne (Bilderzyklus)
Europa Verlag, Zürich.

6. Gestalten/Malen/Basteln

(1) Gestaltung der Mitte

– eine Sonne, aus Tonpapier mit Strahlen gelegt
– ein Sonnenball aus gelben Tüchern
– eine künstlerische Darstellung von einer Sonne (siehe Abschnitt 5)

(2) Malen zum Thema

Folgende Themen eignen sich zum Malen:

- Sonne *(Jaxon-Kreiden/Wachsmalkreiden/Öl)*
- Sonnenaufgang/Sonnenuntergang *(Deckfarben/Aquarellfarben)*
- »Was die Sonne zum Leben erweckt« *(Buntstifte/Kreiden)*

(3) Bilder nachmalen

Siehe Abschnitt 5.

- Alfred Menessier: Auferstehung
- Roland Peter Litzenburger: Die neue Schöpfung des Franz von Assisi

(4) Eine Bildergeschichte zum Thema »Sonne« malen (Leporello)

Siehe Abschnitt 3 Nr. 7.

Einzelne Bilder, die Stationen des Textes darstellen, werden auf einzelne Blätter gemalt, die dann der Reihe nach aneinandergeklebt und anschließend geknickt werden wie eine Ziehharmonika. Beim Lesen des Textes kann die Geschichte dann nach und nach im Bild entfaltet werden.

(5) Dias aus Pergamentpapier: Der Tageslauf der Sonne

Material:

glaslose Diarähmchen, Pergamentpapier/Butterbrotpapier, Filzstifte oder noch besser Stifte für den Tageslichtprojektor/Diaprojektor, Leinwand

Methode:

Aus dem Pergamentpapier werden kleine rechteckige Stückchen ausgeschnitten, die etwas größer sind als das Fenster im Diarahmen, aber nicht größer als der Rahmen. Mit den Stiften wird nun auf verschiedenen Stücken in Kleinformat der Tageslauf der Sonne von der Dämmerung über den Sonnenaufgang zum Mittag bis zum Sonnenuntergang gemalt. Die kleinen bemalten Papierstückchen werden dann in die Diarahmen gespannt und können nun durch den Diaprojektor betrachtet werden.

(6) Reißbild: Sonne aus Papierschnipseln

Material:
blaues Tonpapier, gelbes Kreppapier, Klebstoff, Stift

Methode:
Aus dem gelben Kreppapier werden viele kleine Schnipsel gerissen. Der Umriß der Sonne wird auf das blaue Tonpapier gezeichnet und mit Klebstoff bestrichen. Denn werden die gelben Schnipsel daraufgeklebt.

(7) Die Sonne als Transparentbild gestalten

Material:
himmelblaues Tonpapier, gelbes Transparentpapier, Stift, Schere, Klebstoff

Methode:
Aus dem doppelt gelegten Tonpapier wird eine Sonne herausgeschnitten (oder ausgestochen). Dann wird eine der beiden Seiten mit gelbem Transparentpapier hinterlegt und die zweite Hälfte Tonpapier darübergedeckt.

(8) Transparentbild: Heilige sind Menschen, durch die die Sonne scheint

Siehe Abschnitt 3 Nr. 6.

Die Methode ist wie bei Nr. 7. Die farbliche Gestaltung liegt ganz bei dem, der das Fensterbild gestaltet. Es kann einfach eine menschliche Figur gestaltet werden oder auch ein(e) bestimmte(r) Heilige(r) mit seinen/ihren Attributen.

(9) Collage zum Lied: Ich freu' mich, daß die Sonne lacht

Siehe Abschnitt 4 Nr. 1.

Material:
Bilder aus Zeitungsausschnitten, schwarzes und gelbes Tonpapier, Schere, Klebstoff

Methode:

Das schwarze Tonpapier ist der Untergrund. Zunächst werden aus den Zeitungen dem Lied entsprechende Bilder ausgesucht und ausgeschnitten. Dann wird überlegt, an welcher Stelle im Bild die Sonne erscheinen soll. Sie wird aus dem gelben Tonpapier geschnitten. Dazu werden die anderen Fotos gelegt und, wenn der Aufbau als gelungen erscheint, festgeklebt.

(10) Eine Marienfigur als Stoffbild gestalten

Siehe Abschnitt 4 Nr. 8.

Material:

Stoffreste, Perlen, Nadeln, Faden, Klebstoff, grobes Leinen

Methode:

Dem Lied entsprechend wird zunächst der Entwurf eines Marienbildes gezeichnet. Dieser Entwurf wird auf die große Leinenfläche übertragen. Dann werden die Stoffreste farblich zugeschnitten und entsprechend aufgenäht (geklebt). Das Ganze wird dann noch mit bunten Perlen verziert.

(11) Bilder nachlegen

Zum Nachlegen mit bunten Tüchern eignen sich folgende Bilder (siehe Abschnitt 5):

- Foto: Sonnenuntergang am Meer
- Kees de Koort: Gott erschafft die Welt (Sonne)
- William Turner: Sonnenuntergang

(12) Sonne aus Tüchern gestalten und verzieren

Material:

Holzreifen, gelbe Tücher, Steine/Perlen, Tuchstreifen, Holzringe, Blumen und anderes Legematerial

Methode:

Ein großer Holzreifen wird in die Mitte gelegt. Er wird mit einem gelben Tuch als Sonnenball ausgelegt. Darum herum werden dünne gelbe Tuchstreifen als Strahlen gelegt. Diese Sonne wird dann mit verschiedenen Materialien kostbar verziert. Als Einstieg zu dieser

Legeaktion eignet sich der Sonnengesang des Pharao Echnaton (siehe Abschnitt 3 Nr. 8).

(13) Gott – die Sonne mit vielen Namen

Material:
gelbes Tonpapier, Schere

Methode:
Ein großer Sonnenball und viele Sonnenstrahlen werden aus dem Tonpapier geschnitten. Der Sonnenball wird in die Mitte gelegt.
Jede(r) Teilnehmer(in) erhält einen Sonnenstrahl. Jetzt wird der Text »Kannst du mir Gott zeigen?« (Abschnitt 3 Nr. 9) vorgelesen. Dann werden die Teilnehmer(innen) aufgefordert, Namen Gottes, die ihnen spontan einfallen, zu nennen und bei jedem Namen einen Sonnenstrahl zum Sonnenball zu legen.

7. Stilleübungen

L = Leiter(in); TN = Teilnehmer(in). Jede freie Zeile im Sprechtext bedeutet eine längere Sprechpause.

(1) Die Sonne bekommt Strahlen

In der Mitte liegt eine strahlend gelbe Sonnenscheibe aus Farbkarton. Alle TN erhalten einen Sonnenstrahl aus dem gleichen Material und legen ihn vor sich hin auf den Kreis.

L spricht:
In unserer Mitte sehen wir einen gelben Ball, rund wie die Sonnenscheibe.
Die Sonne scheint hell am Tag.
Sie sendet ihre Strahlen aus.
Sie hat Ausstrahlung.
Mit diesen Strahlen wärmt sie uns.
Mit der Kraft ihrer Strahlen erhält sie Pflanzen, Tiere und Menschen.
Sonne macht Leben möglich.

Viele Dinge und Menschen gibt es,
die uns Leben ermöglichen.
Dafür dürfen wir dankbar sein.
Wir wollen einen Augenblick darüber nachdenken.

*(Wenn die Strahlen zu einem Lied/Tanz zur Sonne gelegt werden
soll, ist es sinnvoll, ohne Anmerkung in die Stille hinein die Melodie
jetzt zu summen, und die TN mitsummen zu lassen in ständiger Wiederholung. Das gleiche geschieht mit dem Text, der vorgesprochen
und nachgesprochen wird. Dann wird das Lied mit dem Text leise
gesungen.)*

Unserer Sonne fehlen noch die Strahlen.
Wir haben sie vor uns liegen.

*(Wenn die Strahlen zu einem Lied/Tanz zur Sonne gelegt werden
soll, werden die TN jetzt aufgefordert, sich im Kreis linksherum auf
die Kreisbahn zu stellen. Alle halten ihre Sonnenstrahlen in der linken
Hand und legen ihre rechte Hand auf die Schulter der vorderen Person. Zu einem kurzen Lied <siehe Abschnitt 4 Nr. 6> gehen die TN
dann auf der Kreisbahn um die Sonne herum. Nach jedem Durchgang
legen 1-5 TN <je nach Anzahl> ihre Strahlen zur Sonne, evtl. mit
einem kleinen Danksatz wie beschrieben.)*

Jeder und jede von uns ist jetzt eingeladen, seinen Strahl zum Sonnenball zu legen.
Wer möchte, kann dabei auch einen Satz sprechen, der beginnt: »Ich
danke für ...«

(2) Sonne tanken

*Die TN haben sich bei Sonnenschein auf einer Wiese versammelt und
sitzen im Kreis in der Sonne. (Es sollte für diese Übung weder zu heiß
noch zu kalt sein.)*

L spricht:
Heute wollen wir Sonne tanken.
Die Sonne, in die wir nicht hineinschauen können,
gibt uns Licht, Wärme und Leben.

Wir schließen die Augen.

(Wenn es nicht möglich ist, diese Übung im Freien zu machen, kann auch das Bild einer Sonne in die Mitte gelegt und an dieser Stelle mit dem Sonnentraum begonnen werden. Dann fallen das Drehen und Hinlegen sowie das Wiederaufrichten weg.)

Wir setzen uns im Schneidersitz gerade hin und lassen den Kopf hängen.

Jetzt drehen wir unseren Körper langsam der Sonne entgegen.

Wir heben den Kopf und halten ihn wie die Blumen der Sonne entgegen.

Wir spüren die Wärme auf unserer Haut.

Wir legen uns zurück ins Gras und träumen unseren Sonnentraum *(an dieser Stelle evtl. eine leise Melodie summen).*

Langsam kommen wir von unserer Traumreise auf unsere Wiese zurück.
Wir setzen uns wieder hin.
Wir öffnen langsam die Augen.

Jetzt können die »Sonnenträume« einander erzählt werden.

8. Spiel und Aktion

(1) Spiel mit Tüchern: Der Tageslauf der Sonne

Material:
Tücher in den Farben rot, orange, gelb, dunkelblau, hellblau, grün, lila, weiß

Spielablauf:
Im Hintergrund liegen in drei Halbkreisen hintereinander Personen mit roten (1. Reihe), orangen (2. Reihe), gelben (3. Reihe) Tüchern. Sie stellen im Spielverlauf die Sonne in ihren unterschiedlichen Phasen dar. Zu Beginn stehen Personen mit dunkelblauen Tüchern im Vordergrund. Die Tücher werden immer senkrecht vor dem Körper ge-

halten.

Sprecher(in): Es ist Dunkel. Die Nacht hat sich ausgebreitet. Langsam weicht die Dunkelheit der Dämmerung.

Personen mit den hellblauen Tüchern stellen sich zwischen die mit den dunkelblauen Tüchern.

Sprecher(in): Langsam geht die Sonne auf.

Personen mit den roten Tüchern im hinteren Halbkreis stehen allmählich auf. Wenn sie stehen, stellen sich dahinter die mit den orangen Tüchern. Die mit den roten Tüchern lassen allmählich wieder nieder.

Sprecher(in): Im Licht der aufgehenden Sonne kann man in der Dämmerung allmählich eine Blumenwiese erkennen.

Die Personen mit den dunkelblauen Tüchern ziehen sich in den Hintergrund zurück, in den Vordergrund legen sich Personen mit grünen Tüchern, dazwischen verstreut die mit den lila und weißen Tüchern. Die mit den hellblauen Tüchern stellen sich rechts und links neben die Sonne.

Sprecher(in): Die Sonne entfaltet ihr helles Licht.

Die orangen Tücher verschwinden und die gelben Tücher stehen im Halbkreis.

Sprecher(in): Die Blumen öffnen ihre Blütenkelche und strecken sich der Sonne entgegen.

Die Personen mit den lila und weißen Tüchern halten ihre Tücher in Querformat wie Kelche vor ihr Gesicht und richten sich dabei zum Knien auf.

Sprecher(in): Die Sonne scheint den ganzen Tag und gibt der Welt Licht und Wärme. Immer höher steigt sie hinauf. Dann sinkt sie wieder.
Die Blumen schließen ihre Kelche.

Die Personen mit den lila und weißen Tüchern legen sich wieder flach auf den Boden.

Sprecher(in): Die Sonne sinkt und die Dämmerung bricht herein.

Die Personen mit den grünen Tüchern gehen in den Hintergrund zurück, die hellblauen und dunkelblauen Tücher bedecken wieder den Vordergrund. Die Personen mit den orangen Tüchern stellen sich zwischen die gelben Tücher, die dann nach einiger Zeit verschwinden. Dann geht es mit den roten und orangen Tüchern genauso, bis auch die roten Tücher wieder versinken. Dann ziehen sich auch die hellblauen Tücher wieder zurück.

Sprecher(in): Die Sonne hat ihren Tageslauf beendet. Es ist wieder dunkle Nacht.

Dieses Spiel wirkt besonders, wenn die Aktionen der bunten Tücher von Instrumenten verklanglicht werden oder zum Ganzen eine leise, ruhige Musik gespielt wird.

(2) Papptheater: Wie die Sonne in das Land Malon kam

Siehe Abschnitt 3 Nr. 3.

Material:
großer Pappkarton, Papierrolle, 2 runde Stäbe, Pappe, dünne Rundhölzer, Schreibtischlampe, Stifte, Klebstoff, Scheren

Vorbereitung:
Ein großer Pappkarton wird als »Guckkastentheater« hergerichtet. Von oben muß der Karton eine Öffnung haben zum Bewegen der Spielpuppen. Seitlich hat er rechts und links in der ganzen Höhe einen Schlitz, durch den die Rolle mit den Kulissen geschoben wird. Auf eine Papierrolle wird jetzt hintereinander in der richtigen Reihenfolge der Hintergrund gemalt: das dunkle Land Malon, die Erzählung von der Sonne, wie sie der Wanderer beschreibt, und schließlich die im Land Malon über den Bergen aufsteigende Sonne. An die rechte und linke Seite der bemalten Papierrolle wird jeweils ein runder Stab befestigt, damit man die Kulisse von der einen Seite auf die andere durch das Theater ziehen kann und sie rechts und links aufgerollt wird.
Auf Pappe werden die handelnden Personen aufgemalt und ausgeschnitten: die Menschenmenge der Malonen und der Wanderer.
Hinter jeder Person oder Personengruppe wird ein dünnes Stäbchen befestigt, mit dem durch die obere Öffnung des Papptheaters die Figuren bewegt werden. Von oben dient eine Schreibtischlampe als Beleuchtung.

Nun kann die Geschichte während des Vorlesens im Papptheater szenisch dargestellt werden.

(3) Schattenspiel zum Bilderzyklus »Die Sonne« von Frans Masereel

Siehe Abschnitt 5.

Den Bildern entsprechend werden die einzelnen Szenen entworfen. Das, was als Schattenfigur zu sehen sein soll, muß besprochen werden. Dazu ist es notwendig, aus den einzelnen Bildern die wesentlichen Elemente auszuwählen.

Eine Geschichte wird zu den Bildern entworfen und aufgeschrieben. Das Schattenspieltheater wird entworfen.
Die Kulissen können als Schattenriß hinter der Leinwand aufgestellt werden. Die Hauptperson kann von einer Person gespielt werden oder auch als Schattenfigur aus Pappkarton vor der Leinwand bewegt werden.
Gespielt wird hinter einer Leinwand, die von einer starken Lichtquelle beleuchtet wird.

(4) Pantomimisches Spiel: Der Traum

Siehe Abschnitt 3 Nr. 4.

Personen:
Erzähler
Er
Traumgestalt
Mann in weißem Kittel
Mann mit blauem Helm
Mädchen an der Theke
Viele Menschen
Soldaten
Ein Soldat
Alte Frau
Kleines Kind

Spielverlauf:
Er sitzt auf einer Bank, schaut vor sich hin und lächelt.
Erzähler liest die Geschichte bis zu der Stelle: »Als er das erkannte, begann er seinen wichtigen Traum.«
Er lehnt seinen Kopf zurück und schließt die Augen.
Traumgestalt (das Gesicht weiß geschminkt und weiß oder blau, auf jeden Fall einfarbig gekleidet) erhebt sich hinter der Bank und macht sich auf den Weg.
Erzähler liest die Geschichte weiter vor mit entsprechenden Pausen, in denen die Schauspieler pantomimisch agieren.
Von hier an folgt der Spielverlauf der Geschichte.
Am Schluß verschwindet die *Traumgestalt* wieder hinter der Bank mit den Schlafenden. *Er* wacht langsam auf und geht von der Bühne.

(5) Sonnenaufgang/Sonnenuntergang

An einem Morgen einmal so früh aufstehen, daß man einen Sonnenaufgang von einer erhöhten Stelle aus bewußt beobachten kann.
Sich einmal bewußt zur Zeit des Sonnenuntergangs an einen ruhigen Ort setzen und den Sonnenuntergang genießen.

(6) Sonnenspaziergang

An einem schönen Tag (besonders geeignet ist einer der ersten warmen Frühlingstage) spazierengehen und schauen, was durch die Sonne alles zum Leben erweckt wird: Knospen, Blüten ... Nach einer Weile sich ruhig auf eine Bank setzen und die Sonnenstrahlen im Gesicht und auf der Haut spüren und genießen.

(7) Spiel: Sonnenstrahlen fangen

Eine(r) ist die Sonne. Sie steht in der Mitte des Spielfeldes.
Eine Hälfte der Personen sind Sonnenstrahlen und stehen in der Nähe der Sonne (gekennzeichnet durch ein gelbes Band).
In einer Entfernung gegenüber steht die andere Hälfte der Mitspieler(innen), die Menschen, die Sonnenstrahlen fangen möchten.
Die Sonne ruft: »Die Sonne schickt ihre Strahlen aus.« Die Sonnenstrahlen laufen auf die andere Seite hinüber. Die Menschen kommen ihnen entgegen. Sie versuchen, die Sonnenstrahlen zu fangen. Die Sonnenstrahlen dürfen sich an der Sonne festhalten. Dann können

sie, solange sie nicht weiterlaufen, nicht gefangen werden. Das Spiel wird dann im Wechsel fortgesetzt, bis alle Sonnenstrahlen gefangen sind.

(8) Einen Videofilm vom Sonnenaufgang/Sonnenuntergang drehen

Mit einer Videokamera filmen, wie die Sonne im Meer/hinter dem Berg ... versinkt oder am Morgen aufsteigt.

(9) Fotos von Sonnenstrahlen machen

Manchmal sieht man die Sonnenstrahlen sehr deutlich: hinter einer Wolke, durch die Bäume im Wald ... Davon Fotos machen.

(10) Den Zeichentrickfilm »Ein Platz an der Sonne« ansehen

Frantisek Vystrcil, CSSR 1959, 9 Minuten, farbig, ab 7 Jahre.

Zeichentrickfilm, der auf heitere Weise die Geschichte von 2 Menschen erzählt, die sich um den »Platz an der Sonne« streiten, bis ihn beide verlieren.

(11) Ballspiel: Die Sonne

Alle Mitspieler stehen im Kreis. In der Mitte steht eine Person, die den »Sonnenball« hält (ein gelber oder oranger Ball). Die Person in der Mitte wirft den Ball den im Kreis Stehenden zu. Die fangen ihn auf und werfen ihn zurück (im Laufe der Zeit Tempo steigern). Wer den Ball fallen läßt, muß in die Mitte.

Steigerung: Beim Ballwerfen dreht sich der äußere Kreis langsam in eine Richtung, evtl. zu Musik.

Mond

1. Einführung in das Symbol

Wenn Menschen die Sonne als kraftvoll und stark erleben, so ist im Gegensatz dazu der Mond das sanfte Licht der Nacht. Der Mond ist das Gestirn, zu dem man aufschauen kann, das nicht bedrohlich für die Menschen wirkt. In Mythen und Erzählungen der Völker wird der Mond als der kleine Bruder der Sonne bezeichnet. Das Betrachten des Mondes ruft bei vielen Menschen oft eine wehmütige, sehnsuchtsvolle Stimmung hervor, so, wie sie in Gedichten (z.B. »Mondnacht« von Joseph von Eichendorff) beschrieben wird.

Bei allem Trost, den der Mond in der Nacht spendet, bleibt er dennoch geheimnisvoll. In vielen Märchen und Mythen, im Reich der Zauberer und Hexen, wird dem Mond besondere magische Bedeutung zugemessen: Bei Vollmond werden Pakte mit dem Bösen geschlossen, bei Vollmond oder Neumond werden bestimmte Kräutermischungen hergestellt, bei Vollmond tanzen die Elfen.

Wie die Sonne, die den Tag einteilt, als Gottheit angesehen wurde, so war es auch mit dem Mond. Er ist in vielen Kulturen eine weibliche Gottheit. Durch die Mondphasen war auch für einfache Kulturen ein Rhythmus erkennbar, der sich immer wiederholte. Die indianischen Kulturen rechneten in »Monden«, und auch unser Wort »Monat« kann vom Wort »Mond« her abgeleitet werden. So ist der Mond seit alter Zeit das Zeichen, nach dem das Jahr eingeteilt wird.

Nach den Phasen des Mondes richtet sich auch in vielen Religionen der Festkreis des Jahres. So findet z.B. im christlichen Lebensraum das Osterfest immer nach dem ersten Vollmond des Frühlings statt.

Schon bevor Menschen das Geheimnis der mondsüchtigen Schlafwandler aufgedeckt hatten und nachgewiesen wurde, daß die Gezeiten des Meeres mit der Anziehungskraft des Mondes zusammenhängen, war den Menschen klar, daß die verschiedenen Mondphasen auch ihr eigenes Leben beeinflussen.

Das ständige Werden und Vergehen des Mondes läßt Menschen ihre eigene Vergänglichkeit erahnen. Aber gerade dadurch ist der Mond auch ein Symbol für Tod und Auferstehung im christlichen Sinne, für Hoffnung über unser Leben hinaus.

2. Biblische Bezüge

(1) Der Mond als Teil der Schöpfung

Psalm 8,1-5

(2) Der Mond als Zeiteinteilung

Psalm 89,36-38
      104,19

3. Geschichten/Texte

(1) Herr Zinnober erzählt eine Gutenachtgeschichte

Herr Zinnober erzählt eine Gutenachtgeschichte:
»Jeden Abend«, erzählt Herr Zinnober, »ging der Mond über der großen Stadt auf und sah hinab auf die vielen Lichter, den Verkehr und die grellen Reklamesprüche.
Nach mir sieht keiner mehr, die Menschen haben mich vergessen, dachte der Mond und wurde ganz traurig.
Und vor Traurigkeit aß er nicht mehr und wurde dünn und immer dünner. Erst wurde er eine Sichel, und irgendwann war er gar nicht mehr zu sehen.
Doch dann merkte er, daß die Menschen ihn suchten, nach ihm ausschauten und, wenn er sich ein bißchen zeigte, sogar vor Freude in die Hände klatschten. Darüber war er so froh und glücklich, daß er sich rund und dick aß.
Da waren die Menschen zufrieden, und keiner kümmerte sich mehr um ihn ...
Da wurde der Mond wieder traurig und nahm ab. Und so ging es immer weiter. Mal war er traurig, mal war er froh ...«
Die Kinder sind eingeschlafen ...

»Tschüs«, sagt Herr Zinnober, und wie er hinausgeht, huscht sein Schatten über die Gesichter der Kinder, und es sieht aus, als lächelten sie und sagten auch »tschüs«.

Elisabeth Zöller

Aus: Erhard Domay (Hg.), Vorlesebuch Symbole, Ernst Kaufmann Verlag/Patmos Verlag, Lahr/Düsseldorf, 2. Auflage 1990, Rechte bei der Autorin.

(2) Der Mond

Vorzeiten gab es ein Land, wo die Nacht immer dunkel und der Himmel wie ein schwarzes Tuch darübergebreitet war, denn es ging dort niemals der Mond auf, und kein Stern blinkte in der Finsternis. Bei Erschaffung der Welt hatte das nächtliche Licht nicht ausgereicht. Aus diesem Land gingen einmal vier Burschen auf die Wanderschaft und gelangten in ein anderes Reich, wo abends, wenn die Sonne hinter den Bergen verschwunden war, auf einem Eichbaum eine leuchtende Kugel stand, die weit und breit ein sanftes Licht ausgoß. Man konnte dabei alles wohl sehen und unterscheiden, wenn es auch nicht so glänzend wie die Sonne war. Die Wanderer standen still und fragten einen Bauern, der da mit seinem Wagen vorbeifuhr, was das für ein Licht sei. »Das ist der Mond«, antwortete dieser, »unser Schultheiß hat ihn für drei Taler gekauft und an dem Eichbaum befestigt. Er muß täglich Öl aufgießen und ihn rein erhalten, damit er immer hell brennt. Dafür erhält er von uns wöchentlich einen Taler.«
Als der Bauer weggefahren war, sagte der eine von ihnen: »Diese Lampe könnten wir brauchen, wir haben daheim einen Eichbaum, der ebenso groß ist, daran können wir sie hängen. Was für eine Freude, wenn wir nachts nicht in der Finsternis herumtappen!«
»Wißt ihr was?« sprach der zweite, »wir wollen Wagen und Pferde holen und den Mond wegführen. Sie können sich hier einen anderen kaufen.«
»Ich kann gut klettern«, sprach der dritte, »ich will ihn schon herunterholen.« Der vierte brachte einen Wagen mit Pferden herbei, und der dritte stieg den Baum hinauf, bohrte ein Loch in den Mond, zog ein Seil hindurch und ließ ihn herab. Als die glänzende Kugel auf dem Wagen lag, deckten sie ein Tuch darüber, damit niemand den Raub bemerken sollte. Sie brachten ihn glücklich in ihr Land und stellten ihn auf eine hohe Eiche. Alte und Junge freuten sich, als die neue

Lampe ihr Licht über alle Felder leuchten ließ und Stuben und Kammern damit erfüllte. Die Zwerge kamen aus den Felsenhöhlen hervor, und die kleinen Wichtelmänner tanzten in ihren roten Röckchen auf den Wiesen den Ringeltanz.

Die vier versorgten den Mond mit Öl, putzten den Docht und erhielten wöchentlich ihren Taler. Aber sie wurden alte Greise, und als der eine erkrankte und seinen Tod voraussah, verordnete er, daß der vierte Teil des Mondes als sein Eigentum ihm mit in das Grab sollte gegeben werden. Als er gestorben war, stieg der Schultheiß auf den Baum und schnitt mit der Heckenschere ein Viertel ab, das in den Sarg gelegt ward. Das Licht des Mondes nahm ab, aber noch nicht merklich. Als der zweite starb, ward ihm das zweite Viertel mitgegeben, und das Licht minderte sich. Noch schwächer ward es nach dem Tode des dritten, der gleichfalls seinen Teil mitnahm, und als der vierte ins Grab kam, trat die alte Finsternis wieder ein. Wenn die Leute abends ohne Laterne ausgingen, stießen sie mit den Köpfen zusammen.

Als aber die Teile des Mondes in der Unterwelt sich wieder vereinigten, so wurden dort, wo immer Dunkelheit geherrscht hatte, die Toten unruhig und erwachten aus ihrem Schlaf. Sie erstaunten, als sie wieder sehen konnten – das Mondlicht war ihnen genug, denn ihre Augen waren so schwach geworden, daß sie den Glanz der Sonne nicht ertragen hätten. Sie erhoben sich, wurden lustig und nahmen ihre alte Lebensweise wieder an. Ein Teil ging zum Spiel und Tanz, andere liefen in die Wirtshäuser, wo sie Wein forderten, sich betranken, tobten und zankten und endlich ihre Knüttel aufhoben und sich prügelten. Der Lärm ward immer ärger und drang endlich bis in den Himmel hinauf.

Der heilige Petrus, der das Himmelstor bewacht, glaubte, die Unterwelt wäre in Aufruhr geraten, und rief die himmlischen Heerscharen zusammen, die den bösen Feind, wenn er mit seinen Gesellen den Aufenthalt der Seligen stürmen wollte, zurückjagen sollten. Da sie aber nicht kamen, so setzte er sich auf sein Pferd und ritt durch das Himmelstor hinab in die Unterwelt. Da brachte er die Toten zur Ruhe, hieß sie sich wieder in ihre Gräber legen und nahm den Mond mit fort, den er oben am Himmel aufhing.

Brüder Grimm

(3) Abschied von Claudius

Als der gelbe Mond über dem Wasser lag, war es Mitternacht.
Hast du schon einmal einem gelben Mond ins Gesicht gesehen?
Ich habe es getan, als ich mit ihm allein war.
Es schien mir, als sei er sehr traurig,
nun Abschied nehmen zu müssen
von Matthias Claudius
und auch Abschied vom kranken Nachbarn.
Das war es besonders,
was mir in den Sinn geriet:
Der Abschied vom kranken Nachbarn.
In der Welt der
Automaten,
Bürokraten,
Diplomaten,
Aristokraten,
Heldentaten
und Wanderratten
nehmen wir Abschied vom kranken Nachbarn.
Er stört,
er hat nicht dazusein,
er hat ganz einfach aufgehört zu existieren.
Schmerzen bitte ins Schließfach!
Sorgen bitte auf Tonband!
Hoffnung bitte in den Kühlschrank!
Menschen bitte in die Gefriertruhe!
Da die Welt aber von kranken Nachbarn wimmelt ...
Und wenn ich nun selbst zum kranken Nachbarn würde?!
Als der gelbe Mond über dem Wasser lag, war es Mitternacht,
und ich habe mich nicht geschämt,
sein Lied zu singen,
denn es ist das Lied vom kranken Nachbarn.
Hast du schon einmal einem gelben Mond ins Gesicht gesehen?
Ich habe es getan, als ich mit ihm allein war.

Peter Spangenberg

Aus: Peter Spangenberg, Der Stein der tanzenden Fische (GTB Siebenstern 205), Gütersloher Verlagshaus Gerd Mohn, Gütersloh, 5. Auflage 1989.

(4) Mondnacht

Es war, als hätt' der Himmel
Die Erde still geküßt,
Daß sie im Blütenschimmer
Von ihm nun träumen müßt.

Die Luft ging durch die Felder,
Die Ähren wogten sacht,
Es rauschten leis die Wälder,
So sternklar war die Nacht.

Und meine Seele spannte
Weit ihre Flügel aus,
flog durch die stillen Lande,
als flöge sie nach Haus.

Joseph von Eichendorff

4. Lieder/Tanz und Musik

(1) Der Mond am hohen Himmel steht

2. Tief unter ihm, das stille Land,
   es ruht vom Tag sich aus.
   Es schläft die Wiese, schläft der Wald,
   es schlafen Feld und Haus.

3. Auch ich bin müd' vom langen Tag.
   Bald schlaf' ich tief und fest.
   Ich kuschel' mich ins weiche Bett,
   wie's Vogelkind ins Nest.

4. Dich, lieber Gott, ruf' ich nun an.
   Von Herzen bitte ich:
   Nimm du die Welt in deine Hand,
   den Mond, das Land und mich.

T: Lore Kleikamp   M: Detlev Jöcker
Aus: Liedheft und MC Heut ist ein Tag, an dem ich singen kann 2
Rechte im Menschenkinder Verlag, 4400 Münster.

Spielanleitung:
Das Lied singen, dabei hinlegen und die Augen schließen. Oder als
Gute-Nacht-Lied für Kinder, die schon im Bett liegen.

(2) Der Mond ist aufgegangen

1. Der Mond ist auf-ge-gan-gen, die gold-nen Stern-lein
pran-gen am Him-mel hell und klar, der
Wald steht schwarz und schwei-get, und aus den Wie-sen
stei-get der wei-ße Ne-bel wun-der-bar.

2. Wie ist die Welt so stille
   und in der Dämmrung Hülle
   so traulich und so hold,
   als eine stille Kammer,
   wo ihr des Tages Jammer
   verschlafen und vergessen sollt.

3. Seht ihr den Mond dort stehen?
   Er ist nur halb zu sehen
   und ist doch rund und schön.
   So sind wohl manche Sachen,
   die wir getrost belachen,
   weil unsre Augen sie nicht sehn.

4. So legt euch denn, ihr Brüder,
   in Gottes Namen nieder,
   kalt ist der Abendhauch.
   Verschon uns, Gott, mit Strafen,
   und laß uns ruhig schlafen
   und unsern kranken Nachbarn auch.

T: Matthias Claudius   M: Johann A. P. Schulz

(3) Guter Mond, du gehst so stille

1. Gu-ter Mond, du gehst so stil-le durch die
Abend - wol - ken hin, bist so
ru - hig, und ich füh - le, daß ich
oh - ne Ru - he bin! Trau-rig fol- gen mei-ne

Blik - ke dei - ner stil - len hei - tern Bahn: O wie hart ist mein Ge - schik - ke, daß ich dir nicht fol - gen kann.

2. Guter Mond, dir darf ich's klagen,
   was mein banges Herze kränkt
   und an wen mit bittern Klagen
   die betrübte Seele denkt!
   Guter Mond, du sollst es wissen,
   weil du so verschwiegen bist,
   warum meine Tränen fließen
   und mein Herz so traurig ist.

T und M: trad. Deutschland, 18. Jh.

(4) Mondtanz

Musik: langsame, getragene Musik

Im Mondtanz wird symbolisch getanzt, wie der Mond zunimmt bis zum Vollmond und wieder abnimmt bis zum Neumond.
Alle Tänzer(innen) tragen gelbe Tücher.

Alle kauern verteilt im Raum am Boden.
Wenn die Musik einsetzt, erhebt sich der (die) erste und schreitet langsam im »Pilgerschritt« (rechts, links vor, rechts vor, links nach hinten wiegen) durch den Raum. Er (sie) berührt eine(n) andere(n) an der Schulter. Diese(r) steht auch auf, legt seine rechte Hand auf die Schulter des (der) Vortänzers (Vortänzerin) und schreitet mit ihm (ihr) durch den Raum.
Immer wieder berührt der (die) Vortänzer(in) eine(n) andere(n) an der Schulter. Diese schließen sich immer hinten an, bis alle in der Schlange stehen und einen Kreis bilden.

Eine Weile wird nun der Vollmond im Kreis rund getanzt. Dann löst sich die Kreisform wieder, und nach und nach sinken die Tänzer(innen) wieder zu Boden, bis auch der (die) Vortänzer(in) am Ende der Musik sich wieder niederkauert.

(5) Mondscheinsonate

Ludwig van Beethoven, Klaviersonate »Sonata quasi una fantasia«, op. 27 Nr. 2 cis-moll: Mondscheinsonate
(Das Adagio aus dieser Sonate kann auch als Musik zum vorhergehenden Tanz dienen.)

(6) Verklanglichung: Herr Zinnober erzählt eine Gutenachtgeschichte

Siehe Abschnitt 3 Nr. 1.

Vorstellung:	Verklanglichung:
Der Mond	*Hängende Cymbel mit Filz-Schlegel. Zu- und Abnehmen des Mondes durch laut und leise darstellen.*
Geräusche der Stadt	*Überlegen, welche Geräusche das sein könnten und die entsprechenden Instrumente dazu suchen.*
Menschen, die den Mond suchen	*Unterschiedliche Klangfarben auf den verschiedenen Stabspielen.*

(7) Verklanglichung: Mondnacht

Siehe Abschnitt 3 Nr. 4.

Vorstellung:	Verklanglichung:
Stille/Blütenschimmer/ Träumen	*Fingercymbeln, leise, hohe Töne auf Glockenspiel und Metallophon*
Die Luft/Ährenwogen	*Glissando (mit einem Filzschlegel langsam hin und her streichen) auf dem Xylophon/ mit den Fingerkuppen über die Handtrommelfelle streichen*

Sterne	*Schläge auf der Triangel*
»Meine Seele spannte«	*Eine Melodie auf der Flöte oder Metallophon erfinden oder auf dem Becken langsam den Ton anschwellen lassen.*

5. Bilder

- Fotos von verschiedenen Mondphasen
- NASA-Fotos der Mondoberfläche
- Max Ernst: Die ganze Stadt
  Aus: Diabücherei Christliche Kunst, Band 24, Verlag am Eschbach, Eschbach 1988.
- Eric Wijnands: Dein Brot teilen (Ausschnitt Mond)
  Aus: Dein Brot teilen, DKV-Verlag München 1990.
- Ferdinand Hodler: Eiger, Mönch und Jungfrau im Mondlicht
  Aus: Diabücherei Christliche Kunst, Band 4, Verlag am Eschbach, Eschbach 1982.
- Walter Habdank: Mann am Fenster
  Aus: 24 Holzschnitte, Kösel-Verlag, München.

6. Gestalten/Malen/Basteln

(1) Gestaltung der Mitte

- ein hellgelbes Tuch auf ein dunkelblaues in der Form einer Mondscheibe legen
- den Mond in seinen verschiedenen Phasen (zunehmend/Vollmond/abnehmend) aus gelbem Tonpapier auf einen schwarzen oder dunkelblauen Untergrund legen

(2) Mondlandschaft malen

(Ölfarben/Wasserfarben/Aquarellfarben)

Zu einer langsamen Musik werden alle eingeladen, die Augen zu schließen und sich eine Landschaft bei Mondschein vorzustellen. Dann malt jede(r) seine »Mondlandschaft«.

(3) Malen nach Musik: Mondscheinsonate

Den Teilnehmer(inne)n werden verschiedene Maltechniken zur Verfügung gestellt, unter denen sie frei wählen können.
Während die Musik der Mondscheinsonate von Beethoven (siehe Abschnitt 4 Nr. 5) gespielt wird, malen die Teilnehmer(innen) das, was ihnen beim Hören der Musik einfällt. Es ist möglich, zur ganzen Sonate nur ein Bild zu malen oder unterschiedliche Bilder zu den einzelnen Sätzen der Sonate.
Es kann auch hilfreich sein, die Sonate zunächst nur zu hören und erst beim zweiten Hören zu malen.

(4) Linolschnitt: Mondphasen

In einer Linolplatte werden mit dem Linolschnittmesser die verschiedenen Phasen des Mondes vom zunehmenden über den Vollmond wieder zum abnehmenden Mond geschnitten.
Dann die Linolplatte mit blauer oder schwarzer Farbe bedecken, ein Blatt darüber legen und so Drucke anfertigen. Wer möchte, kann auch den gezeigten Mond mit gelber Farbe ausmalen.

(5) Holzschnitt: Mondphasen

Wie unter Nr. 4, nur daß jetzt mit einem Schnitzmesser in Holz geschnitzt wird. Drucken wie oben beschrieben.

(6) Holzarbeit: Halbmond zum Aufhängen

Aus einer ca. 2-3 cm dicken Holzscheibe einen Halbmond ausschnitzen (wenn man will, auch mit Gesichtsprofil und Pfeife).
Durch die obere Spitze ein kleines Loch bohren, um den Faden zum Aufhängen durchzuziehen.

(7) Wollfadenbild: Baum und Mond

Material:
Wollfäden in blau, schwarz und gelb, blaue Teppichfliesen, eine
Schüssel mit Wasser

Methode:
Die Wollfäden im Wasser anfeuchten und daraus dann auf den Teppichfliesen ein Bild legen zum Thema: Baum beim Mondschein.
Darauf achten, daß die Umrisse mit den Wollfäden farbig ausgefüllt
werden.

(8) Rußbilder: Mondlicht

Material:
Diadeckgläser, eine Haushaltskerze, Zahnstocher oder Stecknadeln,
Projektor

Methode:
Ein Diadeckglas wird so lange über die Kerzenflamme gehalten, bis
eine Seite schwarz berußt ist (evtl. auch mit Holz-Wäscheklammer
darüberhalten). Dann wird mit einem Zahnstocher, Stecknadel oder
anderem spitzen Gegenstand das gewählte Motiv in den Ruß geritzt.
Hier: Das Licht des Vollmondes und sein Schein. Wenn ein Bild gelungen ist, wird es mit einem weiteren Diadeckglas geschützt, und
beide werden durch einen Klebestreifen am Rand zusammengehalten.
Jetzt kann das Rußbild durch einen Diaprojektor betrachtet werden.

7. Stilleübungen

*L = Leiter(in); TN = Teilnehmer(in). Jede freie Zeile im Sprechtext
bedeutet eine längere Sprechpause.*

(1) Wir sind wie der Mond

*In der Mitte liegt ein Bild mit den verschiedenen Mondphasen: von
der zunehmenden Mondsichel angefangen über den Vollmond bis hin
zur abnehmenden Mondsichel.*

L spricht:
In der Mitte sehen wir den Mond in seinen verschiedenen Phasen.
Wir schauen das Bild in der Mitte in Ruhe an.

Der zunehmende Mond ist klein und schmal.
Er wächst und dehnt sich aus.
Er hat ein Ziel vor Augen:
vollkommen rund und schön zu werden.

Der zunehmende Mond gleicht uns,
wenn wir uns danach sehnen,
glücklich und vollkommen zu werden.
Er gleicht uns,
wenn wir in unserer Jugend die Welt entdecken,
begreifen und erobern wollen.
Wir entwickeln und entfalten uns.

Der Vollmond ist rund und schön.
Er ist anziehend.
Er nimmt uns in seinen Bann.

Der Vollmond gleicht uns,
wenn wir glücklich sind,
wenn wir spüren:
Jetzt habe ich etwas vollendet.
Er gleicht uns, wenn wir in unserem Leben
auf der Höhe der Kraft sind,
wenn wir unsere Fähigkeiten einsetzen
für das Leben.

Der abnehmende Mond wird wieder kleiner.
Etwas von Abschiednehmen liegt in ihm.
Er wird so schmal und klein,
daß er schließlich ganz verschwindet.

Der abnehmende Mond gleicht uns,
wenn wir mühsam lernen loszulassen,
wenn wir Abschied nehmen müssen.
Er gleicht uns, wenn wir alt werden,
wenn unsere Kräfte nachlassen,
wenn wir sterben müssen.

Der Mond ist ein Bild für unser Leben.

Er verschwindet. Wohin?
Um immer wieder neu zu wachsen und vollkommen zu werden.

Jetzt sollte zum Nachdenken noch ruhige Musik eingespielt werden.

(2) Leuchten, weil wir beschienen werden

Für diese Stilleübung ist es gut, bei Mondschein im Freien zu sein. Wenn das nicht möglich ist, dann sollte ein Mondbild in der Mitte des Kreises liegen oder als Dia gezeigt werden.

L spricht:
Der Mond steht am Himmel.
Er erleuchtet mit seinem silbernen Licht die Finsternis der Nacht.

Jetzt sollte gemeinsam ein Lied gesungen werden, z.B. »Der Mond ist aufgegangen« (siehe Abschnitt 4 Nr. 2). Eine(r) beginnt die Melodie zu summen, die anderen summen mit. Wenn die Melodie zu Ende ist, wird das Lied gesungen.

Im Licht des Mondscheins versuchen wir,
das Gesicht des Nachbarn, unserer Nachbarin zu erkennen.

Der Mond scheint,
weil er von der Sonne beschienen wird.
Wir leben und lieben,
weil Gott seine Güte, Freundlichkeit und Liebe
über uns leuchten läßt.

Jetzt bietet es sich an, das Gedicht »Mondnacht« (siehe Abschnitt 3 Nr. 4) vorzutragen. Im Anschluß daran kann ein Abendlied gesungen oder ein Nachtgebet gesprochen werden.

8. Spiel und Aktion

(1) Spiel: Der Mond

Siehe Abschnitt 3 Nr. 2.

Vorbereitung:
Kulissen aus Pappe bauen: einen Eichbaum, einen Mond in vier Teilen, schwarzes Tuch als Hintergrund.

Die Geschichte spielen und die Dialoge sprechen. Alles andere durch pantomimisches Spiel darstellen.

(2) Geländespiel bei Vollmond: Elfen und Trolle

In einer Vollmondnacht versammeln sich alle auf einer Wiese. Es werden zwei Gruppen eingeteilt, die zahlenmäßig genau gleich sind: die Elfen (Sie erhalten weiße Tücher zum Umhängen.) und die Trolle. Außerdem gibt es eine(n) Spielleiter(in). Die Trolle suchen sich ein Versteck. Die Elfen tanzen im Mondschein auf der Wiese. Der (die) Spielleiter(in) ruft irgendwann: »Trolle, zeigt euch!«
In dem Moment verstecken sich die Elfen im Gebüsch und im angrenzenden Wald. Die Trolle kommen hervor und suchen die Elfen, die durch ihre weißen Umhänge zu erkennen sind. Alle Elfen, die gefunden sind, kommen wieder auf die Lichtung. Wenn jeder Troll seine Elfe gefunden hat, tanzen sie gemeinsam den Tanz der Elfen und Trolle.

(3) Nachtwanderung beim Schein der Mondsichel

Wenn nur eine dünne Mondsichel am Himmel zu sehen ist, wird eine Nachtwanderung durchgeführt.

(4) Der Mond dreht sich um die Erde

Alle stehen im Kreis und drehen sich langsam. Sie sind die Erde. Eine(r) ist der Mond und läuft in entgegengesetzter Richtung um den Kreis. Im Hintergrund hängt ein gelbes Tuch. Das ist die Sonne. Irgendwann im Laufen tippt er einem (einer) aus dem Kreis auf die Schulter. Diese(r) läuft hinter dem »Mond« her und versucht, ihn zu fangen. Wenn der Mond gefangen ist, muß er sich vor das gelbe Tuch

105

zur »Sonne« setzen. Der Mond läuft zweimal um die Erde. (Wenn der Kreis groß ist, nur einmal.) Wenn er dann noch nicht gefangen ist, darf er sich in die Mitte der Erde retten. Der (die) Fänger(in) muß dann ausscheiden und zur Sonne gehen. Das Spiel wird so lange fortgesetzt, bis nur noch 5 Personen die Erde bilden.

(5) Der Mond wird dick und dünn

Eine(r) erzählt eine Phantasiegeschichte, in der immer wieder der Mond vorkommt, und zwar in den verschiedensten Formen. Je nachdem, in welcher Form der Mond erwähnt wird, führen die Teilnehmer(innen), die im Raum verteilt stehen, bestimmte Bewegungen aus, wie z.B.:

Der Mond nimmt zu: Alle knicken den Oberkörper nach links ab.
Der Mond nimmt ab: Alle knicken den Oberkörper nach rechts ab.
Vollmond: Alle kreisen in der Hüfte.
Neumond: Alle kauern sich auf dem Boden oder legen sich flach auf den Boden.

(6) Film: Der Affe fischt den Mond im Wasser

Zen Kegin, China 1983, 12 Minuten, farbig, ab 6 Jahre.

Trickfilm. Ohne Worte wird von einer Affenbande erzählt, die den Mond herunterholen will. Da diese Versuche scheitern, wollen sie das Spiegelbild des Mondes mit einer Kokosschale aus dem Wasser fischen.

Sterne

1. Einführung in das Symbol

Der Stern ist das Symbol des Himmels, mit dem sich Menschen am ehesten selbst identifizieren können. Sterne sind weder übermächtig wie die Sonne, noch zu geheimnisvoll wie der Mond, und – es gibt ihrer so viele, daß sich jeder Mensch »seinen« Stern aussuchen kann. Die Betrachtung eines Sternenhimmels erweckt in den Menschen das Gefühl der Grenzenlosigkeit und dennoch der Geborgenheit.

Wie die Sonne den Tag und der Mond das Jahr einteilt, so bestimmen die Sterne die Jahreszeiten. Der Stand der Sterne gibt sie an. Der Stand der Sterne hat Menschen schon in alter Zeit dazu gebracht, in ihrer Stellung zueinander Bilder zu sehen und die einzelnen Sternbilder dementsprechend zu benennen. Dem Stand der Sterne zueinander wurden aber auch Einflüsse positiver oder negativer Art auf das Leben der Menschen zugesprochen. Die Sternkreiszeichen spielten bei vielen Völkern eine wichtige Rolle, wenn sie in den verschiedenen Kulturen auch unterschiedlich benannt wurden. Und in manchen Völkern herrschte auch der Glaube vor, daß je nach dem Sternkreiszeichen zum Jahresbeginn ein gutes oder ein schlechtes Jahr zu erwarten ist.

Um aus der Stellung der Sterne die Zukunft deuten zu können, bedurfte es der eigenständigen Zunft der Sterndeuter, heute Astrologen genannt. Sterndeuter gab und gibt es seit Menschengedenken. Sternenkundige waren weise Leute, die aus der Konstellation der Sterne die Zukunft voraussagen konnten.

Noch heute lassen sich Menschen ihr »Horoskop« aus der Stellung der Sterne sagen. Verschiedene Redensarten deuten darauf hin, z.B. »unter einem guten Stern geboren sein«.

Bevor es den Kompaß gab, waren es die Sterne, nach denen sich Menschen in der Nacht in unwegsamem Gebiet, auf dem Meer und auf dem Land orientierten. Sterne sind Wegweiser.

Stern als Wegweiser, das erinnert an die Geschichte der Sterndeuter im Matthäusevangelium: »Wir haben seinen Stern gesehen und sind ihm gefolgt.« Dem Stern Jesu folgen, das erinnert auch an den Auftrag der Nachfolge, der an jeden Christen ergeht.

Viele Menschen folgen heute anderen »Sternen«, wenn sie einen bestimmten »Star« als Idol vergöttern.

»Ein Stern leuchtet auf in der Dunkelheit« – dieser Satz vermittelt etwas von dem Trost, den das Licht der Sterne in dunkler Nacht vermitteln kann. Sterne sind Hoffnungszeichen.

2. Biblische Bezüge

(1) Die Vielzahl der Sterne

Genesis 15,5   Psalm 147,1-5

(2) Der Stern als Zeichen

Numeri 24,16-17   Matthäus 2,1-11

3. Geschichten/Texte

(1) Die Sterne

Am späten Abend gingen Solomon und Mangaliso spazieren. Der Alte führte den Jungen an der Hand. Die Sterne über ihnen leuchteten hell und klar. Kein Wind bewegte die Bäume. Die Vögel schliefen alle, nur einige Frösche quakten.
»Warum sieht man die Sterne nur in der Nacht?« fragte Mangaliso.
»Weil am Tag die Sonne zu hell ist.«
»Wo kommt das Licht der Sterne her?«
»Gott hat den Engeln befohlen, den Boden des Himmels mit Nadelstichen zu durchlöchern, damit etwas Licht von seiner Wohnung auf unsere Erde fällt.«
Mangaliso rief: »Oh, wenn die Löcher doch etwas größer wären!«

Albert Herold

Aus: Albert Herold, Die Geschichte des Mangaliso, Echter Verlag, Würzburg.

(2) Sterntaler

Es war einmal ein kleines Mädchen, dem waren Vater und Mutter gestorben, und es war so arm, daß es kein Kämmerchen mehr hatte, darin zu wohnen, und kein Bettchen mehr, darin zu schlafen, und endlich gar nichts mehr als die Kleider auf dem Leib und ein Stückchen Brot in der Hand, das ihm ein mitleidiges Herz geschenkt hatte. Es war aber gut und fromm. Und weil es von aller Welt verlassen war, ging es im Vertrauen auf den lieben Gott hinaus ins Feld. Da begegnete ihm ein armer Mann, der sprach: »Ach, gib mir etwas zu essen, ich bin so hungrig.« Es reichte ihm das ganze Stückchen Brot und sagte: »Gott segne dir's«, und ging weiter. Da kam ein Kind, das jammerte und sprach: »Es friert mich so an meinem Kopfe, schenk mir etwas, womit ich ihn bedecken kann.« Da tat es seine Mütze ab und gab sie ihm. Und als es noch eine Weile gegangen war, kam wieder ein Kind und hatte kein Leibchen an und fror. Da gab es ihm seins; und noch weiter, da bat eins um ein Röcklein, das gab es auch von sich hin. Endlich gelangte es in einen Wald, und es war schon dunkel geworden; da kam noch eins und bat um ein Hemdlein, und das fromme Mädchen dachte: Es ist dunkle Nacht, da sieht dich niemand, du kannst wohl dein Hemd weggeben, und zog das Hemd ab und gab es auch noch hin.

Und wie es so stand und gar nichts mehr hatte, fielen auf einmal die Sterne vom Himmel und waren lauter blanke Taler – und ob es gleich sein Hemdlein weggegeben, so hatte es ein neues an, und das war vom allerfeinsten Linnen. Da sammelte es sich die Taler hinein und war reich für sein Lebtag.

Brüder Grimm

(3) Eine Wintergeschichte

Es war einmal ein Mann. Er besaß ein Haus, einen Ochsen, eine Kuh, einen Esel und eine Schafherde.

Der Junge, der die Schafe hütete, besaß einen kleinen Hund, einen Rock aus Wolle, einen Hirtenstab und eine Hirtenlampe.

Auf der Erde lag Schnee. Es war kalt, und der Junge fror. Auch der Rock aus Wolle schützte ihn nicht.

»Kann ich mich in deinem Haus wärmen?« bat der Junge den Mann.

»Ich kann die Wärme nicht teilen. Das Holz ist teuer«, sagte der

Mann und ließ den Jungen in der Kälte stehen. Da sah der Junge einen großen Stern am Himmel. Was ist das für ein Stern? dachte er.
Er nahm seinen Hirtenstab, seine Hirtenlampe und machte sich auf den Weg.
»Ohne den Jungen bleibe ich nicht hier«, sagte der kleine Hund und folgte seinen Spuren.
»Ohne den Hund bleiben wir nicht hier«, sagten die Schafe und folgten seinen Spuren.
»Ohne die Schafe bleibe ich nicht hier« sagte der Esel und folgte ihren Spuren.
»Ohne den Esel bleibe ich nicht hier«, sagte die Kuh und folgte seinen Spuren.
»Ohne die Kuh bleibe ich nicht hier«, sagte der Ochse und folgte ihren Spuren.
»Es ist auf einmal so still«, dachte der Mann, der hinter seinem Ofen saß. Er rief nach dem Jungen, aber er bekam keine Antwort. Er ging in den Stall, aber der Stall war leer. Er schaute in den Hof hinaus, aber die Schafe waren nicht mehr da.
»Der Junge ist geflohen und hat alle meine Tiere gestohlen«, schrie der Mann, als er im Schnee die vielen Spuren entdeckte.
Doch kaum hatte der Mann die Verfolgung aufgenommen, fing es an zu schneien. Es schneite dicke Flocken. Sie deckten die Spuren zu.
Dann erhob sich ein Sturm, kroch dem Mann unter die Kleider und biß ihn in die Haut. Bald wußte er nicht mehr, wohin er sich wenden sollte.
Der Mann versank immer tiefer im Schnee. »Ich kann nicht mehr!« stöhnte er und rief um Hilfe.
Da legte sich der Sturm. Es hörte auf zu schneien, und der Mann sah einen großen Stern am Himmel. Was ist das für ein Stern? dachte er.
Der Stern stand über einem Stall, mitten auf dem Feld. Durch ein kleines Fenster drang das Licht einer Hirtenlampe.
Der Mann ging darauf zu. Als er die Tür öffnete, fand er alle, die er gesucht hatte, die Schafe, den Esel, die Kuh, den Ochsen, den kleinen Hund und den Jungen.
Sie waren um eine Krippe versammelt. In der Krippe lag ein Kind. Es lächelte ihm entgegen, als ob es ihn erwartet hätte.
»Ich bin gerettet«, sagte der Mann und kniete neben dem Jungen vor der Krippe nieder.

Am anderen Morgen kehrten der Mann, der Junge, die Schafe, der Esel, die Kuh, der Ochse und auch der kleine Hund wieder nach Hause zurück.

Auf der Erde lag Schnee. Es war kalt. »Komm ins Haus«, sagte der Mann zu dem Jungen, »ich habe Holz genug. Wir wollen die Wärme teilen.«

Max Bolliger

Aus: Max Bolliger/Beatrix Schären (Ill.), Eine Wintergeschichte, © 1976 Artemis Verlag, Zürich – München.

(4) Die Legende vom vierten König

Außer Caspar, Melchior und Balthasar war auch ein vierter König aus dem Morgenland aufgebrochen, um dem Stern zu folgen, der ihn zu dem göttlichen Kind führen sollte. Dieser vierte König hieß Coredan. Drei wertvolle rote Edelsteine hatte er zu sich gesteckt und mit den drei anderen Königen einen Treffpunkt vereinbart. Doch Coredans Reittier lahmte unterwegs. Es kam nur langsam voran, und als er bei der hohen Palme eintraf, war er allein. Nur eine kurze Botschaft, in den Stamm des Baumes eingeritzt, sagte ihm, daß die anderen drei ihn in Betlehem erwarten würden.

Coredan ritt weiter, ganz in seinen Wunschträumen versunken. Plötzlich entdeckte er am Wegrand ein Kind, bitterlich weinend und aus mehreren Wunden blutend. Voll Mitleid nahm er das Kind auf sein Pferd und ritt in das Dorf zurück, durch das er zuletzt gekommen war. Er fand eine Frau, die das Kind in Pflege nahm. Aus seinem Gürtel nahm er einen Edelstein und vermachte ihn dem Kind, damit sein Leben gesichert sei.

Doch dann ritt er weiter, seinen Freunden nach. Er fragte die Menschen nach dem Weg, denn den Stern hatte er verloren. Eines Tages erblickte er den Stern wieder, eilte ihm nach und wurde von ihm durch eine Stadt geführt. Ein Leichenzug begegnete ihm. Hinter dem Sarg schritt eine verzweifelte Frau mit ihren Kinder. Coredan sah sofort, daß nicht allein die Trauer um den Toten diesen Schmerz hervorrief. Der Mann und der Vater wurde zu Grabe getragen. Die Familie war in Schulden geraten, und vom Grabe weg sollten die Frau und die Kinder als Sklaven verkauft werden. Coredan nahm den zweiten Edelstein, der eigentlich dem neugeborenen König zugedacht war, aus seinem Gürtel. »Bezahlt, was ihr schuldig seid, kauft euch

Haus und Hof und Land, damit ihr eine Heimat habt!« Er wendete sein Pferd und wollte dem Stern entgegenreiten – doch dieser war erloschen. Sehnsucht nach dem göttlichen Kind und tiefe Traurigkeit überfielen ihn. War er seiner Berufung untreu geworden? Würde er sein Ziel nie erreichen?

Eines Tages leuchtete ihm sein Stern wieder auf und führte ihn durch ein fremdes Land, in dem Krieg wütete. In einem Dorf hatten Soldaten die Bauern zusammengetrieben, um sie grausam zu töten. Die Frauen schrien und die Kinder wimmerten. Grauen packte den König Coredan, Zweifel stiegen in ihm auf. Er besaß nur noch einen Edelstein – sollte er denn mit leeren Händen vor dem König der Menschen erscheinen?

Doch dies Elend war so groß, daß er nicht lange zögerte, mit zitternden Händen seinen letzten Edelstein hervorholte und damit die Männer vor dem Tode und das Dorf vor der Verwüstung loskaufte. Müde und traurig ritt Coredan weiter. Sein Stern leuchtete nicht mehr. Jahrelang wanderte er. Zuletzt zu Fuß, da er auch sein Pferd verschenkt hatte. Schließlich bettelte er, half hier einem Schwachen, pflegte dort Kranke; keine Not blieb ihm fremd. Und eines Tages kam er am Hafen einer großen Stadt gerade dazu, als ein Vater seiner Familie entrissen und auf ein Sträflingsschiff, eine Galeere, verschleppt werden sollte. Coredan flehte um den armen Menschen und bot sich dann selbst an, anstelle des Unglücklichen als Galeerensklave zu arbeiten.

Sein Stolz bäumte sich auf, als er in Ketten gelegt wurde. Jahre vergingen. Er vergaß, sie zu zählen. Grau war sein Haar, sein zerschundener Körper müde geworden. Doch irgendwann leuchtete sein Stern wieder auf. Und was er nie zu hoffen gewagt hatte, geschah. Man schenkte ihm die Freiheit wieder; an der Küste eines fremden Landes wurde er an Land gelassen.

In dieser Nacht träumte er von seinem Stern, träumte von seiner Jugend, als er aufgebrochen war, um den König aller Menschen zu finden. Eine Stimme rief ihn: »Eile, eile!«

Sofort brach er auf, er kam an die Tore einer großen Stadt. Aufgeregte Gruppen von Menschen zogen ihn mit, hinaus vor die Mauern. Angst schnürte ihm die Brust zusammen. Einen Hügel schritt er hinauf. Oben ragten drei Kreuze, Coredans Stern, der ihn einst zu dem Kind führen sollte, blieb über dem Kreuz in der Mitte stehen, leuchtete noch einmal auf und war dann erloschen.

Ein Blitzstrahl warf den müden Greis zu Boden.

»So muß ich also sterben«, flüsterte er in jäher Todesangst, »sterben, ohne dich gesehen zu haben? So bin ich umsonst durch die Städte und Dörfer gewandert wie ein Pilger, um dich zu finden, Herr?« Seine Augen schlossen sich. Die Sinne schwanden ihm. Da aber traf ihn der Blick des Menschen am Kreuz, ein unsagbarer Blick der Liebe und Güte. Vom Kreuz herab sprach die Stimme: »Coredan, du hast mich getröstet, als ich jammerte, und gerettet, als ich in Lebensgefahr war; du hast mich gekleidet, als ich nackt war!« Ein Schrei durchbebte die Luft – der Mann am Kreuz neigte das Haupt und starb. Coredan erkannte mit einemmal: Dieser Mensch ist der König der Welt. Ihn habe ich gesucht in all den Jahren. Er hatte ihn nicht vergebens gesucht; er hatte ihn doch gefunden.

(5) Kleine Erde

Die Welt ist groß.
Die Erde ist bloß
ganz klein.
Sieh in den Himmel hinein,
wenn es klar ist und dunkel:
Das Sternengefunkel
erzählt dir von Weiten
und Ewigkeiten.

Michael Kumpe

Aus: Menschengeschichten. Hrsg. von Hans-Joachim Gelberg, Beltz Verlag, Weinheim und Basel 1975, Programm Beltz & Gelberg, Weinheim.

(6) Die Sternseherin Lise

Ich sehe oft um Mitternacht,
Wenn ich mein Werk getan,
Und niemand mehr im Hause wacht,
Die Stern am Himmel an.

Sie gehn da, hin und her zerstreut,
Als Lämmer auf der Flur,
In Rudeln auch und aufgereiht
Wie Perlen an der Schnur,

Und funkeln alle weit und breit,
Und funkeln rein und schön;
Ich seh' die große Herrlichkeit
Und kann mich satt nicht sehn ...

Dann saget unterm Himmelszelt
Mein Herz mir in der Brust:
»Es gibt was Bessers in der Welt
Als all ihr Schmerz und Lust.«

Ich werf' mich auf mein Lager hin
Und liege lange wach
Und suche es in meinem Sinn
Und sehne mich darnach.

Matthias Claudius

4. Lieder/Tanz und Musik

(1) Die Sterne stehn

T: Rolf Krenzer   M: Ludger Edelkötter
Aus: Halte zu mir heute, guter Gott
Alle Rechte im Impulse-Musikverlag, 4406 Drensteinfurt.

Tanzbeschreibung:

Alle stehen im Kreis und halten auf den Handflächen brennende Tee-
lichter. Schrittfolge: langsame halbe Noten.

Teil 1: Die Hände werden nach oben geführt.
Teil 2a: Vier Schritte in die Mitte.
Teil 2b: Langsam um sich selbst drehen.
Teil 3: Vier Schritte zurückgehen, dabei Arme senken und stehen
         bleiben. Dann von vorne.

(2) Morgenstern der finstern Nacht

Gotteslob Nr. 555.

(3) Er leuchtet still

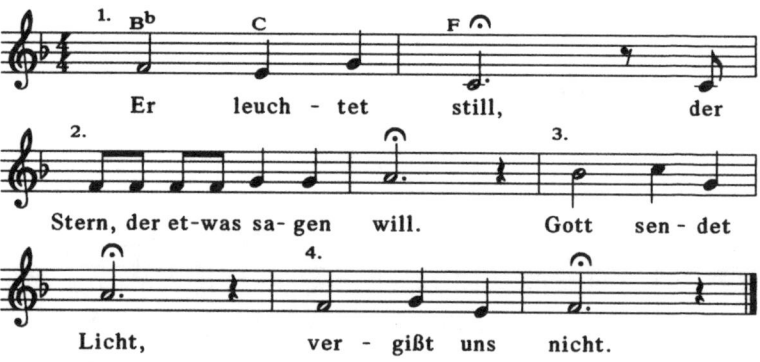

T: Wolfgang Longardt
Rechte beim Autor
M: Detlev Jöcker
Aus: Das Liederbuch zum Umhängen 1
Rechte im Menschenkinder Verlag, 4400 Münster.

Tanzbeschreibung:

Alle stehen im Kreis und halten sich an den Händen. Zur ersten Zeile
werden die Arme gehoben, bei der letzten Zeile wieder gesenkt. Als
Kanontanz in zwei oder vier Kreisen ineinander tanzen.
Schrittfolge: langsame halbe Noten.

Rechts seit, links kreuzt hinten, rechts seit, links anstellen. Rechts-links, rechts-links wiegen. Dann von vorne.

(4) Werde still und staune

2. Werde froh und hoffe:
   Gott will mit uns sein.
   Alle Menschen lädt er ein,
   und der Stern singt Liebe.

3. Werde neu und liebe:
   Gott will Retter sein,
   uns aus Schuld und Angst befrein.
   Und der Stern singt Friede.

T: Christa Peikert-Flaspöhler   M: Chris Herbring
Aus: MC Wir öffnen unsere Herzen
Rechte bei Chris Herbring Musik, 4040 Neuss 21.

Tanzbeschreibung:

Alle stehen im Kreis, ohne sich anzufassen. Schrittfolge: halbe Noten.

1. Zeile: Auf dem Platz hin und her wiegen: rechts-links, rechts-links.
2. Zeile: Vier Schritte in die Mitte gehen. Mit den Armen in der Mitte
   sternförmig zusammenkommen.
3. Zeile: Vier Schritte dreht sich der Sternenkreis links herum.
4. Zeile: Vier Schritte zurück in den großen Kreis.

(5) Mitten in der Nacht

Mit - ten in der Nacht ist ein Stern er -
wacht, kün - det al - len, nah und fern, die Ge-burt des Herrn.

T: Rolf Krenzer M: Ludger Edelkötter
Aus: Kinderlieder – Krippenspiele
Alle Rechte im Impulse-Musikverlag, 4406 Drensteinfurt.

Tanzbeschreibung:

Bändertanz. Alle stehen im Kreis. Immer zwei halten gemeinsam ein gedrehtes Band aus gelbem Kreppapier so, daß sich die Bänder in der Mitte kreuzen und einen Stern bilden.
Alle halten mit der linken Hand ihr Bandende, Gesicht auf der Kreisbahn geradeaus.
Als Kanontanz in 2-4 Kreisen nebeneinander tanzen.

Teil 1: Acht Schritte vorwärts, rechts beginnt. Bänder in Hüfthöhe halten.
Teil 2: Acht Schritte vorwärts, dabei die Bänder hochheben.
Teil 3: Acht Schritte vorwärts, dabei Bänder rhythmisch gleichmäßig heben und senken.
Teil 4: Acht Schritte vorwärts, dabei Bänder senken.

(6) Sternentanz

Musik: im 4/4 Takt, mittleres Tempo (z.B. höfische Tanzmusik)
Schrittfolge: Schreiten in 1/4
Aufstellung: in einer Kette, die rechte Hand auf der linken Schulter der vorderen Person.

1. Teil: Sechzehn Schritte in einer Acht gehen.
2. Teil: Vier Schritte, um kleine Kreise zu 5 Personen bilden, Front nach rechts auf der Kreisbahn die linken Arme in der Mitte zusammenführen, die rechten seitlich nach außen strecken, acht Schritte im Kreis als »Stern gehen«, dann Formation

lösen, vier Schritte wieder zurück in die Kette.

3. Teil: Wie Teil 1.

4. Teil: Wie Teil 2, nur anders (links herum).

(7) Verklanglichung: Die Sterntaler

Siehe Abschnitt 3 Nr. 2.

Vorstellung:	Verklanglichung:
Das Mädchen	*eine Melodie auf dem Xylophon*
Armer Mann	*Schläge mit Watteschlegel auf Handtrommel*
1. frierendes Kind	*Rumbarasseln*
2. frierendes Kind	*Schellenkranz*
3. frierendes Kind	*schnelle Schläge mit Klanghölzern*
Sterne fallen vom Himmel	*einzelne Töne auf dem Glockenspiel von oben nach unten*

(8) Verklanglichung: Eine Wintergeschichte

Siehe Abschnitt 3 Nr. 3.

Vorstellung:	Verklanglichung:
Mann	*tiefe Töne auf dem Xylophon*
Haus	*4 Schläge auf der Holzblocktrommel*
Ochse	*große Handtrommel*
Kuh	*kleine Handtrommel*
Esel	*Holzröhrentrommel*
Schafe	*Schellenkranz*
Junge	*hohe Töne auf dem Xylophon*
Hund	*Klanghölzer*
Schnee/Schneesturm	*Töne im Arpeggio auf dem Metallophon*
Stern	*Triangel*

(9) Verklanglichung: Kleine Erde

Siehe Abschnitt 3 Nr. 4.

Vorstellung:	Verklanglichung:
»Die Welt ist so groß.«	*Beckenschlag*
»Die Erde ist bloß ganz klein.«	*Fingercymbeln*
»Sieh in den Himmel.«	*schnelle, weiche Schläge mit Watteschlegel auf Handtrommel*
Sternengefunkel	*unterschiedliche Töne auf dem Glockenspiel*

(10) Verklanglichung: Sternennacht

Siehe Abschnitt 5.

Vorstellung:	Verklanglichung:
Der Fluß	*Arpeggio auf dem Metallophon hin und her*
Die Häuser gegenüber	*Holzblock und Handtrommeln*
Zwei Menschen gehen am Fluß entlang.	*Melodie auf Xylophon*
Die Sterne leuchten.	*Töne auf Glockenspiel, Triangel und Fingercymbeln (behutsam)*

5. Bilder

– Fotos von Sternen und Sternbildern

– Foto eines Sternenhimmels

– Vincent van Gogh: Die Sternennacht
  Aus: Hubertus Halbfas, Religionsbuch 1. Schuljahr, Patmos Verlag, Düsseldorf 1983.

– Edward Munch: Sternennacht
Aus: Diabücherei Christliche Kunst, Band 7, Verlag am Eschbach,
Eschbach 1983.

– Ernst Alt: Semen Abrahae
Kösel-Verlag, München 1978.

– Walter Habdank: Abraham
Aus: 24 Bilder zur Bibel, Kösel-Verlag, München.

– Wiener Genesis: Verheißung an Abraham
Aus: Firmung – Schenk uns deinen Geist, hrsg. vom Bistum Essen,
1988.

– Walter Habdank: Die vier Könige (Ausschnitt: Stern)
Aus: Heinrich Erlau/Walter Habdank: Die Legende vom Vierten
König, Christophorus-Verlag/Burchhardthaus-Laetare Verlag, Frei-
burg/Offenbach 2. Auflage 1980.

6. Gestalten/Malen/Basteln

(1) Gestaltung der Mitte

– gelb gefärbte Tuchstreifen in Sternform übereinandergelegt
– Sterne oder ein Stern aus Goldpapier oder Stroh auf dunklem Untergrund
– ein Mobile aus Mond und Sternen, das von der Decke tief herun-
terhängt über einem dunklen Untergrund
– die künstlerische Darstellung eines Sternenhimmels

(2) Bilder malen

(Buntstifte/Wasserfarben/Öl/Kreiden ...)

Folgende Themen eignen sich zum Malen:

– Drei Könige folgen dem Stern

– Unser Stern

Diesem Bild voran sollten gemeinsame oder einzelne Überlegungen zu dem Gedanken vorausgehen: Welchen Sternen folgen wir? Wer oder was ist unser Stern?

– Landschaft mit Sternenhimmel

– Weihnachtsbild mit Weihnachtsstern

Der Gestaltung dieses Bildes kann ein meditatives Hören des Liedes »Werde still und staune« (siehe Abschnitt 4 Nr. 4) vorangehen.

– Sternenhimmel

Die Sterne werden mit gelben Wachsmalkreiden auf das Blatt gemalt. Dann wird darüber mit Wasserfarben der dunkle Nachthimmel gemalt.

Oder ein Blatt wird mit gelber Farbe grundiert und ganz mit Wachsmalfarben dunkel bedeckt. Dann werden die Sterne mit einem Schaber aus der dunklen Oberfläche herausgeschabt.

(3) Bilder nachmalen

Siehe Abschnitt 5.

– Vincent van Gogh: Die Sternennacht
– Edward Munch: Sternennacht

(4) Sternbilder malen

Nach der Beobachtung von Sternbildern in der Natur oder im Fachbuch werden die einzelnen Sternbilder auf dunkles Tonpapier mit gelber Kreide gemalt.

(5) Strohsterne basteln

Strohsterne können in vielfältiger Weise aus runden Strohhalmen gebunden oder aus glatt gebügelten Strohhalmen geklebt werden.

(6) Sterne aus Goldpapier

Aus Goldpapier können in vielfältiger Weise Sterne gefaltet oder ausgeschnitten werden.

(7) Sternenkerzenständer

Aus gelber Pappe oder einem mit Goldpapier beklebten Bierdeckel wird ein sternförmiger Untergrund geschnitten, auf den ein Teelicht geklebt wird.

(8) Weihnachtsstern basteln

Aus Holz wird ein sternförmiger Rahmen in zweifacher Ausfertigung hergestellt. Beide Teile werden dann mit hölzernen Querstreben verbunden. Dann werden die Seiten mit gelbem Transparentpapier verkleidet, und der Stern wird mit einer kleinen Birne und einer Batterie am Stab von innen her erleuchtet.

(9) Sternenmobile

Aus Goldpapier werden Sterne mit unterschiedlichem Durchmesser (2-5 cm, jeweils zweifach) geschnitten. An einem 20 cm langen Rundholz werden drei bis vier dunkle Wollfäden befestigt, und auf diese Wollfäden werden in unterschiedlichen Abständen die goldenen Sterne von beiden Seiten geklebt. In der Mitte des Holzes wird ein Bindfaden befestigt, mit dem man das Mobile an der Decke aufhängen kann.

(10) Gestaltung: Stern

In die Mitte des Raumes werden zwei gelbe Tücher quadratisch versetzt übereinandergelegt, so daß ein großer, gelber Stern zu sehen ist. In den Mittelpunkt wird eine bunte Kugel oder ein Ring gelegt, um die/den herum Strahlen in verschiedenen Farben und mit verschiedenen Materialien gelegt werden können. Am Ende der Strahlen werden wieder kleine Sterne aus unterschiedlichen Materialien gestaltet, so daß auf dem gelben Tuchstern ein bunter Stern entsteht, der in viele kleine Sterne mündet.

(11) Sternenhimmel legen

Auf dem Boden werden dunkelblaue Tücher ausgebreitet und darauf Sterne aus Stroh und Goldpapier gelegt, so daß ein Sternenhimmel entsteht. Wenn man sich vorher mit Sternbildern beschäftigt hat, kann man auch gezielt diese Sternbilder mit den Sternen legen.

(12) Sternenlichter

Jeder erhält ein brennendes Teelicht. Nach dem Lied »Werde still und staune« oder »Die Sterne stehn« oder »Er leuchtet still« (siehe Abschnitt 4 Nr. 4,1,3) sind alle eingeladen, eine Bitte oder einen Dank auszusprechen und ihr Teelicht in der Mitte abzustellen, so daß die Form eines Sternes (Er kann auch vorher durch Kreide o. ä. angedeutet werden.) als Gesamtbild entsteht.

7. Stilleübungen

L = Leiter(in); TN = Teilnehmer(in). Jede freie Zeile im Sprechtext bedeutet eine längere Sprechpause.

(1) Der Stern

Alle sitzen im Kreis. In der Mitte liegt ein gebastelter Stern.

L spricht:
In der Mitte sehen wir einen Stern.
Sterne sind Zeichen der Hoffnung.
Sterne lassen uns daran glauben,
daß unsere Sehnsüchte ein Ziel haben.
Sterne sind Wegweiser.
Sterne lassen uns die Unendlichkeit des Weltalls ahnen.

Von all dem spricht auch das folgende Gedicht:
Die Sternseherin Lise (siehe Abschnitt 3 Nr. 6).

(2) Er leuchtet still

In der Mitte des Kreises liegt ein Stern aus sechs überkreuzten, 10-15 cm breiten gelben Tuchstreifen.
Die Melodie des Liedes »Er leuchtet still« (siehe Abschnitt 4 Nr. 3) wird mehrmals gesummt, bis alle mitsummen können und dann öfter gesungen.
12 der TN gehen zu je einem Sternende und heben den Stern langsam in die Höhe. Dann gehen sie zum Lied langsam im Kreis herum.

Nach zweimaligem Durchsingen wird der Stern wieder hingelegt und evtl. von einer zweiten Gruppe getanzt.

(3) Einem Stern folgen

Alle stehen in einer Reihe.
Eine(r) trägt einen leuchtenden Stern der Reihe voran. Dann folgen alle dem Stern in langsamem Schritt zu einem Lied, das wieder erst gesummt und dann gesungen wird. Bei Strophenliedern kann die Melodie nach jeder Strophe gesummt werden.
Liedvorschlag: Wie in Nr. 2 oder »Werde still und staune« (siehe Abschnitt 4 Nr. 4).

(4) Betrachtung des Sternenhimmels

Alle stehen draußen im Kreis und schauen sich einen Moment in Ruhe den Sternenhimmel an.

Der Text »Kleine Erde« (siehe Abschnitt 3 Nr. 5) wird gelesen.
Das Lied »Die Sterne stehn« (siehe Abschnitt 4 Nr. 1) wird gemeinsam gesungen und getanzt.

Falls es nicht möglich ist, diese Übung im Freien zu machen, kann auch ein Dia vom Sternenhimmel gezeigt werden. Der Tanz zum Lied sollte dann als Lichtertanz mit Teelichtern getanzt werden.

8. Spiel und Aktion

(1) Stern über Betlehem

Text:	Spielanleitung:
Jeden Abend leuchten am Himmel viele tausend Sterne auf.	*Alle Mitspieler sitzen in der Hocke am Boden.*
Rund sind sie.	*Sie stehen langsam auf.*
Sie ziehen ihre Bahn.	*Sie formen mit den Händen einen Kreis.*
Sie leuchten und verteilen ihre Strahlen.	*Sie drehen sich im Kreis.*
	Sie halten ihre Arme hoch.

Sie sehen immer wieder
anders aus.
Schön sind sie, die Sterne
in dunkler Nacht.

Manchmal verdecken
Wolken die Sterne.
Dann sieht man sie nicht.

Wenn der Wind die Wolken
fortbläst, kann man sie
wieder sehen.
Kleine und große Sterne
gibt es. Ohne zu ruhen,
ziehen sie am Himmel ihre
Bahn.

In einer Nacht erscheint am
Himmel ein ganz großer,
leuchtender Stern. Wie eine
Blume, wie eine Sonne
leuchtet er auf. Die Menschen
blicken zum Himmel
auf und fragen:
Was bedeutet dieser Stern?
Kommt Unheil über uns,
oder kommt der Himmel,
der Frieden auf die Erde?

Sie breiten die Arme aus.
Sie erfinden verschiedene
Sternformen.

Alle setzen sich wieder
in die Hocke – bleiben
etwas in Ruhestellung.

Nun erheben sie sich
wieder. Zwei oder drei
bilden zusammen
einen Stern und drehen
sich im Kreis.

Alle bilden zusammen
einen Stern.
Sie gehen im Kreis.
Sie halten die Arme hoch.

Aus: Religionspädagogische Praxis 4/1983, © RPA-Verlag, Landshut.

(2) Im Advent

Vorspiel:

Balthasar (B): Ich schau' in langen Nächten
empor zum Himmelszelt
und denk', die Sterne brächten
Hoffnung in diese Welt.

Kaspar (K):   Ich seh' die Finsternisse
und zittere dabei,
ob nur das Ungewisse
oder ob da Hoffnung sei.

Melchior (M): Ich starr' in Dunkelheiten.
Es glitzern kalt die Stern.
Ob ich zu meinen Zeiten
erkenne Gott, den Herrn?

Spielszene:
(Teleskope am Fenster, drei Männer stehen, einander zugewandt)

M: Ich geb's auf. So viele Stunden jede Nacht starre ich durch das Glas. Warten. Warten. Und was kommt dabei heraus?

K: Rote, entzündete Augen. Und am Morgen kommst du kaum aus den Federn, so müde bist du noch.

B: Aber es steht doch in den Schriften geschrieben. Die alten Schriftrollen lassen keinen Zweifel. Ein Stern wird aufgehen am Himmel. Und dann ...

K: Ja, ja. Wir wissen es ja. Und dann. Und dann. Und wann wird das sein? Wann wird dieser Tag »und dann« endlich kommen? Wann, wann ...

B: sagte der Nachtwächter und legte sich auf's Ohr. Genau in jener Nacht kamen die Diebe und brachen ein.

M: Also ich, ich mache heute früher Schluß. Ob ich morgen abend überhaupt komme, das weiß ich noch nicht. Meine Frau will schon lange unsere Freunde einladen. Ich denke, ich werde gehen.

B: Es ist noch nicht sehr spät. Laßt es uns noch einmal versuchen.

K: Von mir aus. Auf mich wartet sowieso keiner.

B: Komm, Melchior, mach weiter mit. Die Zeit hat sich erfüllt. Nach all dem, was wir wissen, kann es nicht mehr lange dauern.

M: Das hast du schon vor Jahren gesagt.

B: Der Messias wird kommen. Er wird erscheinen. Ich glaube fest daran.

M: Auch das sagst du uns schon jahrelang, Balthasar. Aber ich bin es leid. Ich will nicht länger darauf warten. Andere machen sich eine vergnügte Zeit, gehen aus, hören Musik, tanzen, feiern. Und wir hocken Nacht für Nacht vor dem Teleskop und starren in die Ferne. Meine Nachbarn nennen mich schon den Sternengucker, den Hans-guck-in-die-Luft. Die eigenen Kinder beginnen, über mich zu lachen. Ich bin mit der Sache fertig. Ich kann nicht mehr. Ich mache Schluß.

K: Aber Balthasar könnte recht haben. Nimm einmal nur für einen Augenblick an, er könnte recht haben.

M: Das ist es ja, was mich fast krank macht.

K: Du schaust nicht für dich allein nach vorn. Du versuchst nicht für dich allein, die Dunkelheit zu durchdringen. Für deine Frau tust du das, für deine Kinder, für deine Nachbarn auch. Woher sollen es die Menschen denn erfahren, Melchior, wenn der Messias wirklich kommt? Wenn der Tag endlich gekommen ist, an dem ER in unsere Welt kommt?

M: Also gut, ich bleibe für heute. Ich versuche es noch einmal. Mehr euch zuliebe.

B: *(ist inzwischen zum Teleskop gegangen, tritt erschrocken zurück, stammelt)*
Ich sehe was. Ich hab' was im Glas.
Etwas Unmögliches. Ich, ich ...
(Alle stürzen zu ihren Teleskopen.)

B: Da, über dem Horizont. Genau im Osten.

M: Ein neuer Stern.

K: Einen leuchtenden Schweif zieht er hinter sich her.

M: Strahlendes Licht.

K: Die Nacht wird hell.

B: Das Zeichen! Endlich das versprochene Zeichen.
(Sie blicken auf, fallen sich in die Arme.)

M: Morgen brechen wir auf. Der Stern wird uns den Weg zeigen.

K: Aber du wolltest morgen mit deiner Frau und deinen Freunden zusammensein.

M: Das ist wichtig. Aber was wir hoffen, was wir erwarten, das ist wichtiger.

B: Und du, Kaspar, du gehst doch auch mit uns?

K: Sicher. Auf mich wartet sowieso keiner.

B: Doch. Jetzt wartet einer auf dich. Ganz gewiß wartet ER auf uns alle.

Nachspiel:

M: Ein Stern ist aufgegangen,
sein Licht durchstrahlt die Nacht.
Das Heil hat angefangen,
hat Hoffnung uns gebracht.

B: Gefesselt und gefangen
war'n wir in unsrer Zeit.
Der Stern ist aufgegangen,
hat endlich uns befreit.

K: Wir folgen seinen Wegen,
uns führt sein heller Schein.
Der Herr kommt uns entgegen,
will unser Bruder sein.

Willi Fährmann

Rechte beim Autor.

(3) Szenarisches Spiel: Sterntaler

Siehe Abschnitt 3 Nr. 2.

Die Geschichte vorlesen und dazu pantomimisch spielen. Verkleidung: nach Belieben, auch mit bunten Tüchern. Die goldenen Taler aus gelber Pappe oder Goldpapier basteln.

(4) Tischtheater: Eine Wintergeschichte

Siehe Abschnitt 3 Nr. 3.

Auf einem Tisch wird aus Watte und Pappe eine Schneelandschaft und das Haus/der Stall ... ausgelegt. Figuren: Der Mann, der Junge, die Tiere, der Stern werden gebastelt (aus Pfeifenputzern, dann mit Stoffresten bekleidet oder aus Papprollen oder aus Knete ...). Dann wird die Handlung auf dem Tisch nachgespielt.

(5) Szenisches Spiel: Die Legende vom vierten König

Siehe Abschnitt 3 Nr. 4.

Die Legende wird von Personen nachgespielt. Die Bühnenbilder können als Hintergrund auf weiße Bettücher gemalt oder aus Pappe hergestellt werden. Die Geschichte kann pantomimisch zum gelesenen Text nachgespielt werden, oder die Spielgruppe erfindet entsprechende Dialoge.

(6) Sternwarte besuchen

Eine Sternwarte wird besucht und Informationen über Sternbilder gesammelt.

(7) Nachtwanderung

Gemeinsam wird eine Nachtwanderung durchgeführt. An einem geeigneten Ort (Lichtung, auf einem Berg o.ä.) wird gemeinsam der Sternenhimmel betrachtet und versucht, Sternbilder zu entdecken.

(8) Sternsingeraktion

Die Sternsingeraktion wird in der Gemeinde organisiert und durchgeführt.

(9) Einem Stern folgen

Es wird versucht, bei einer Nachtwanderung einem bestimmten Stern zu folgen.

(10) Sternspiel

Material: Ein großer Stern, der an einem Stab getragen werden kann.

Alle sitzen im Kreis. Ein(e) Sternträger(in) wandert im Kreis umher und bleibt schließlich vor einem (einer) im Kreis stehen. Der (die) Mitspieler(in) im Kreis fragt: »Stern, du stehst am Himmel und funkelst. Was willst du uns sagen?« Der (die) Sternträger(in) antwortet: »Gott schickt mich als Zeichen. Ich soll euch zur Krippe führen, in der der neugeborene König liegt!« Der (die) Mitspieler(in) aus dem Kreis schließt sich nun dem (der) Sternträger(in) an. Sie bleiben vor dem (der) nächsten stehen usw.

(11) Sterne leuchten am Himmel

Alle sitzen im Kreis. Eine(r) erzählt und macht dabei die Bewegungen vor, die alle mitvollziehen:

Die Himmel wölbt sich über das Land.	*Mit beiden Armen einen großen Halbkreis beschreiben.*
Sterne funkeln dort oben.	*Mit erhobenen Armen in der Luft mit den Fingern das Funkeln der Sterne nachahmen.*
Die Sterne erleuchten die Nacht.	*Eine(r) zündet ein Teelicht auf einem Stern-Kerzenständer an und gibt das Licht nach und nach weiter, bis alle ein solches Licht halten.*
Die Sterne ziehen am Himmel hin.	*Zu ruhiger Musik wandern nun alle mit ihren Teelichtern durch den Raum. Am Ende der Musik setzen sich alle hin und löschen die Lichter.*

(12) Geländespiel: Einem Stern folgen

An einer bestimmten Stelle im Wald wird eine Hütte gebaut und darin eine Krippe angedeutet oder ein Schatz versteckt. Eine kleine Gruppe, die diesen Zielort kennt, geht mit einem Leuchtstern voran. In einer Entfernung, wo man den Stern noch sehen kann, bleiben sie stehen. Der Rest, die größere Gruppe, geht auf den Stern zu. Die Sternengruppe geht immer in einem gewissen Abstand voraus. Manchmal leuchtet der Stern, manchmal ist er nicht zu sehen. So wird die große Gruppe zu dem Stall im Wald geführt.

Regenbogen

1. Einführung in das Symbol

Durch das Licht der Sonne und den Wasserschleier des Regens entsteht das bunte Farbenspiel des Regenbogens. Nach Regen und Wolken verheißt er wieder Sonne. Der Bogen am Himmel entsteht durch die Begegnung zweier Elemente, die zunächst gegensätzlich erscheinen: Sonne und Regen. Aber gerade deshalb ist er eine Erscheinung, die auf alle Menschen faszinierend wirkt.

Seine Form deutet zunächst auf eine Kriegswaffe hin, den Bogen, mit dem Menschen vor der Erfindung von Pulver und Gewehr auf die Jagd und in den Krieg gegen andere Menschen zogen.

Aber diesem Bogen ist die Gefährlichkeit genommen: Ihm fehlen die tötenden Pfeile. Seine Sehne ist die Erde. Und wenn man sich wie im Weltbild früherer Kulturen die Erde als Scheibe vorstellt, dann ist der Regenbogen ein Zeichen, das die Erde umspannt und bis zum Himmel reicht.

Wen wundert es da noch, wenn in der Geschichte von Noach der Regenbogen zum Zeichen des Bundes zwischen Gott und den Menschen wurde? Unter dem Regenbogen leben, das bedeutet seither soviel wie: unter dem Schutz Gottes stehen.

Der Regenbogen ist ein Symbol des Glücks. In Erzählungen der Völker lesen wir öfters, daß an den Enden des Regenbogens, da, wo er die Erde berührt, ein Schatz verborgen ist. Aber wirklich erreicht hat niemand diese Enden, weil sie eben nicht erreichbar sind – außer in Träumen. Im Regenbogen spiegeln sich alle Farben der Welt, und dadurch ist er auch ein Symbol der Vollkommenheit, ein Zeichen, in dem sich das Leben widerspiegelt.

In den frühen Werken christlicher Kunst wird Christus als der Weltenrichter oft auf einem Regenbogen sitzend oder von einer regenbogenfarbigen Mandorla umgeben gezeigt. Damit wird die Einheit und der Übergang des Alten Bundes zum Neuen Bund in Jesus Christus verdeutlicht.

Auf neueren Darstellungen steht der Regenbogen oft sinnbildlich für den Aufruf zur Bewahrung der Schöpfung, für Frieden und als Zeichen der Verbundenheit der Menschen untereinander, nach dem Motto: »Wir leben unter dem gleichen Regenbogen«. Gemeint ist hier letztlich auch der Traum von einem glücklichen Leben, zu dem wir alle beitragen können und das unter dem Schutz Gottes steht.

2. Biblische Bezüge

(1) Der Regenbogen als Zeichen

Genesis 9,12-17

(2) Der Regenbogen als Bild für Gottes Herrlichkeit

Ezechiel 1,28

3. Geschichten/Texte

(1) Unter dem Regenbogen

Die Abendsonne verwöhnte die Augen mit ihrem späten Glanz,
legte sich auf das Wasser, als wollte sie sich selber sonnen
in einem Sommer, der keiner ist.
Dichter, kleiner Regen fiel mitten in die Strahlen,
ich lehnte mich an das Geländer und sah, wie der Regenbogen wuchs,
um sich endlich über die Horizonte zu spannen wie eine halbrunde
Palette, oder als habe einer den Zirkel genommen und mit
Aquarellfarben ein Kirchenfenster gezogen.
Ob wohl viele Menschen diesen Bogen sahen, der dann doppelt wurde
und so lange stehen blieb, wie ich es noch nie erlebte?!
Da fiel mir wieder ein, daß der Bogen in den Völkern der Erde
immer ein Zeichen des Friedens war:
zwischen Gott und den Menschen, zwischen Stämmen und Sippen,
zwischen Erdteilen und Rassen.
Und als ich so dachte, war es, als begänne der Bogen zu reden:
»Seit Menschengedenken«, sprach er, »habe ich meinen Platz
am Himmel, um euch Menschen klarzumachen,
wie man Unverbundenes verbindet, Ungewisses gewiß macht,
Unbegrenztes begrenzt, Unversöhnliches versöhnt, Ungeliebtes
liebt.
Ich brauche die Sonne und den Regen, die beiden Elemente des Lebens.

Denk darüber nach«, schien er zu sagen, »denk nach und begreife, was das für die Welt bedeutet!«
Und ich dachte und fand, daß die Welt voll ist von Unverbundenem, Ungewissem, Unversöhnlichem und Ungeliebtem.
Ich dachte an die Kinder unserer Zeit, ich dachte an die Opfer, an die Täter dachte ich und an den Haß.
»Du hast leicht reden«, sagte ich zum Regenbogen, »du überspannst die Enden der Erde und bist schon Zeichen.«
»Dann überspann du die Enden deines Alltags«, erwiderte der Regenbogen, »und nimm dazu die Elemente des Lebens: nicht Regen, nicht Sonne, sondern Tapferkeit und Liebe!«
Ich weiß noch, daß ich ihm versprach, es zu versuchen – nicht mehr und nicht weniger. Inzwischen aber träume ich davon, ein Leben unter dem Regenbogen zu führen zusammen mit Menschen, die tapfer sind und liebevoll; nicht nur im späten Glanz einer Abendsonne.
Der Regenbogen schwieg und verschwand, als Sonne und Regen fehlten, aber es blieb die Erkenntnis und verwöhnte das Gewissen mit neuem Glanz.

Peter Spangenberg

Rechte beim Autor.

(2) Die anderen Brücken

»Du hast einen schönen Beruf«, sagte das Kind zum alten Brückenbauer, »es muß sehr schwer sein, Brücken zu bauen.«
»Wenn man es gelernt hat, ist es leicht«, sagte der alte Brückenbauer, »es ist leicht, Brücken aus Beton und Stahl zu bauen. Die anderen Brücken sind sehr viel schwieriger«, sagte er, »die baue ich in meinen Träumen.«
»Welche anderen Brücken?« fragte das Kind.
Der alte Brückenbauer sah das Kind nachdenklich an. Er wußte nicht, ob es verstehen würde. Dann sagte er:
»Ich möchte eine Brücke bauen von der Gegenwart in die Zukunft. Ich möchte eine Brücke bauen von einem zum anderen Menschen, von der Dunkelheit in das Licht, von der Traurigkeit zur Freude. Ich möchte eine Brücke bauen von der Zeit in die Ewigkeit über alles Vergängliche hinweg.«

Das Kind hatte aufmerksam zugehört. Es hatte nicht alles verstanden, spürte aber, daß der alte Brückenbauer traurig war. Weil es ihn wieder froh machen wollte, sagte das Kind: »Ich schenke dir meine Brücke.« Und das Kind malte für den Brückenbauer einen Regenbogen.

Anne Steinwart

Aus: Erhard Domay (Hg.), Vorlesebuch Symbole, Ernst Kaufmann Verlag/Patmos Verlag, Lahr/Düsseldorf 2. Auflage 1990, Rechte bei der Autorin.

(3) Frederick

Rund um die Wiese herum, wo Kühe und Pferde grasten, stand eine alte, alte Steinmauer. In dieser Mauer – nahe bei Scheuer und Kornspeicher – wohnte eine Familie schwatzhafter Feldmäuse. Aber die Bauern waren weggezogen. Scheuer und Kornspeicher standen leer. Und weil es bald Winter wurde, begannen die kleinen Feldmäuse, Körner, Nüsse, Weizen und Stroh zu sammeln. Alle Mäuse arbeiteten Tag und Nacht. Alle – bis auf Frederick.
»Frederick, warum arbeitest du nicht?« fragten sie. »Ich arbeite doch«, sagte Frederick, »ich sammle Sonnenstrahlen für die kalten Wintertage.« Und als sie Frederick so dasitzen sahen, wie er auf die Wiese starrte, sagten sie: »Und nun, Frederick, was machst du jetzt?« »Ich sammle Farben«, sagte er nur, »denn der Winter ist grau.« Und einmal sah es so aus, als sei Frederick halb eingeschlafen. »Träumst du, Frederick?« fragten sie vorwurfsvoll. »Aber nein«, sagte er, »ich sammle Wörter. Es gibt viele lange Wintertage – und dann wissen wir nicht mehr, worüber wir sprechen sollen.«
Als nun der Winter kam und der erste Schnee fiel, zogen sich die fünf kleinen Feldmäuse in ihr Versteck zwischen den Steinen zurück. In der ersten Zeit gab es noch viel zu essen, und die Mäuse erzählten sich Geschichten über singende Füchse und tanzende Katzen. Da war die Mäusefamilie ganz glücklich!
Aber nach und nach waren fast alle Nüsse und Beeren aufgeknabbert, das Stroh war alle, und an Körner konnten sie sich kaum noch erinnern. Es war auf einmal sehr kalt zwischen den Steinen der alten Mauer, und keiner wollte mehr sprechen. Da fiel ihnen plötzlich wieder ein, wie Frederick von Sonnenstrahlen, Farben und Wörtern gesprochen hatte. »Frederick!« riefen sie. »Was machen deine Vorräte?« »Macht die Augen zu«, sagte Frederick und kletterte auf einen gro-

ßen Stein. »Jetzt schicke ich euch Sonnenstrahlen. Fühlt ihr schon, wie warm sie sind? Warm, schön, golden?« Und während Frederick so von der Sonne erzählte, wurde den vier kleinen Mäusen schon viel wärmer.

»Und was ist mit den Farben, Frederick?« fragten sie aufgeregt. »Macht wieder die Augen zu«, sagte Frederick. Und als er von blauen Kornblumen und roten Mohnblumen im gelben Kornfeld und von grünen Blättern am Beerenbusch erzählte, da sahen sie die Farben so klar und deutlich vor sich, als wären sie aufgemalt in ihren kleinen Mäuseköpfen.

»Und die Wörter, Frederick?« Frederick räusperte sich, wartete einen Augenblick, und dann sprach er wie von einer Bühne herab:

»Wer streut die Schneeflocken? Wer schmilzt das Eis?
Wer macht lautes Wetter? Wer macht es leis?
Wer bringt den Glücksklee im Juni heran?
Wer verdunkelt den Tag? Wer zündet die Mondlampe an?
Vier kleine Feldmäuse wie du und ich
wohnen im Himmel und denken an dich.
Die erste ist die Frühlingsmaus, die läßt den Regen lachen.
Als Maler hat die Sommermaus die Blumen bunt zu machen.
Die Herbstmaus schickt mit Nuß und Weizen schöne Grüße.
Pantoffeln braucht die Wintermaus für ihre kalten Füße.
Frühling, Sommer, Herbst und Winter sind vier Jahreszeiten.
Keine weniger und keine mehr. Vier verschiedene Fröhlichkeiten.«

Als Frederick aufgehört hatte, klatschten alle und riefen: »Frederick, du bist ja ein Dichter!« Frederick wurde rot, verbeugte sich und sagte bescheiden: »Ich weiß es – ihr lieben Mäusegesichter!«

Leo Lionni

Aus: Leo Lionni, Frederick, © 1967 Leo Lionni und Gertraud Middelhauve Verlag GmbH & Co. KG, Köln.

(4) Der Regenbogen

»Siehst du den Regenbogen?«
»Ja, der ist fein.«
»Du meinst die Farben.«
»Ja, und daß er auf einmal da ist.«
»Gleich ist er wieder weg.«
»Warum?«

»Weil die Sonne verschwindet.«
»Meinst du?«
»Oder weil der Regen aufhört.«
»Kannst du den Regenbogen nicht festhalten?«
»Nein, das kann ich nicht.«
»Geht der Regenbogen auch unter der Erde weiter?«
»Nein, dort gibt es keine Sonne und keinen Regen.«
»Bist du ganz sicher?«
»Da bin ich ganz sicher.«
»Eigentlich bin ich froh, daß man den Regenbogen
nicht festhalten kann.«
»Warum?«
»Da kann er kommen und gehen, wann er will.«
»Schau, jetzt ist er weg.«
»Als ob er's gehört hätte.«

Kurt Hock

Aus: Kurt Hock, Telat sucht den Regenbogen, Verlag Herder, Freiburg.

4. Lieder/Tanz und Musik

(1) Ein bunter Regenbogen

2. Ein bunter Regenbogen
ist übers Land gezogen.
Und alle blieben stehn,
um ihn sich anzusehn.

3. Ein bunter Regenbogen
ist übers Land gezogen,
damit ihr's alle wißt,
daß Gott uns nicht vergißt.

T: Rolf Krenzer M: Peter Janssens
Aus: Kommt alle und seid froh, 1982
Rechte beim Peter Janssens Musik Verlag, 4404 Telgte.

Tanzbeschreibung:

Alle stehen im Halbkreis.

1. Teil (in allen Strophen gleich): Die Arme werden beide in einem großen Bogen von links unten hoch über den Kopf nach rechts unten geführt.

2. Teil 1. Str.: Der Halbkreis wird zum Kreis, beim ersten Mal rechts herum gehen, beim zweiten Mal links herum.

2. Teil 2. Str.: Der Halbkreis wird zum Kreis durchgefaßt, bleibt stehen und wiegt auf der Stelle hin und her.

2. Teil 3. Str.: Der Halbkreis wird zum Kreis durchgefaßt, die Arme hochgehoben, beim ersten Mal rechts herum gegangen, beim zweiten Mal links herum, zum Schluß mit erhobenen Händen kurz stehen bleiben.

(2) Dann und wann

1. Dann und wann steigt er weit auf,
zieht uns in Bann mit bun - tem Lauf.

2. Wir schauen Licht, blau, grün und rot.
   Gottes Werk spricht: Ende der Not.

3. Farbiger Bogen gibt uns ein Zeichen
   am Himmel oben: Angst wird weichen.

4. Der Regen verrinnt, Land wird erhellt.
   Und bald beginnt Tanz für die Welt.

5. Sonnenspur scheint. Wir schöpfen Mut.
   Niemand mehr weint. Alles wird gut.

T: Johannes Thiele
Aus: Thomas Klocke/Johannes Thiele, Mit Kindern durch das Kirchenjahr, 1982
Rechte im J. Pfeiffer Verlag, München
M: Christoph Recker
Rechte beim Autor.

(3) Gottes guter Regenbogen

141

2. Gottes guter Regenbogen steht am Himmel, leuchtend klar!
   Er verkündet: »Gottes Liebe ist für alle Menschen wahr!«
   Uns, die wir so ängstlich warten, sagt der Bogen, der erscheint,
   daß aus Hunger, Tod und Schmerzen Gott, der Vater, uns neu eint.

3. Gottes guter Regenbogen lebt am Himmel, und er grüßt!
   Nie wird Gott den Bund auflösen, weil er selber Frieden schließt,
   in dem Sohn, der überwindet, der uns zur Versöhnung bringt,
   lebt der Friede, der uns segnet, der die Angst, den Haß bezwingt!

4. Gottes guter Regenbogen fließt vom Himmel, und er schenkt,
   daß der gute Geist der Hoffnung sich in unsre Herzen senkt.
   Heil und Lachen werden atmen. Gottes Geist hat uns berührt.
   Menschen werden zu Geschwistern, weil Gott selber menschlich
   wird.

5. Wie 1.

T: Dieter Stork
M: Reinhard Horn
Aus: MC Hoffnung, nicht Angst
Alle Rechte im Kontakte Musikverlag, 4780 Lippstadt.

Tanzbeschreibung:

Aufstellung paarweise auf der Kreisbahn. Hände gefaßt, Front nach
rechts. Die Paare sind nacheinander mit den unterschiedlichen Farben
des Regenbogens bekleidet (bunte Tücher/Kreppapier).

Takt 1-4:   Paare gehen rechts herum sechzehn Schritte auf der
             Kreisbahn.
Takt 5-8:   Paare drehen sich um, fassen sich mit den anderen Hän-
             den und gehen sechzehn Schritte links auf der Kreisbahn.
Takt 9-10:   Paare wenden sich einander zu, fassen sich mit der rech-
             ten Hand (Handtour: Die flachen Hände werden bei ge-
             hobenen Armen gegeneinander gelegt.) und drehen sich
             rechts acht Schritte.
Takt 11-12: Paare geben sich die linke Hand (Handtour) und drehen
             sich links.
Takt 13-16: Alle fassen zum großen Kreis durch und gehen sechzehn
             Schritte rechts. Am Ende wieder in Paaren auf die Kreisbahn.

Der Tanz wiederholt sich in jeder Strophe.

(4) Ich möcht' mit einem Zirkus ziehn

1. Ich möcht' mit ei-nem Zir-kus ziehn, mit vie-len bun-ten Wa-gen, die mei-ne Welt und dei-ne Welt auf ih-ren Rä-dern tra-gen, die tra-gen.

2. Ich möcht' der engen Welt entfliehn
   mit meinen sieben Sachen,
   sechs Träume und ein Schaukelpferd
   und Zeit zum Sachen machen.

3. Ich möcht' mit einem Zirkus ziehn,
   mit Mädchen und mit Knaben,
   weiß, rot sind sie und gelb und schwarz,
   so pechschwarz wie die Raben.

4. Ich möcht' mit ihnen Hand in Hand
   auf einem Traumseil wandern
   und ohne abzustürzen still
   aus dieser Welt zur andern.

5. Ich möcht' mit einem Zirkus ziehn
   mit vielen bunten Wagen,
   die meine Welt und deine Welt
   auf Rädern heimwärts tragen.

T: Wilhelm Willms   M: Peter Janssens
Aus: Circus Mensch, 1976
Rechte beim Peter Janssens Musik Verlag, 4404 Telgte.

Tanzbeschreibung:

Aufstellung in einer Reihe; Schrittfolge: halbe Noten.

1. Str.:
1. Teil: Die Reihe schreitet langsam auf die Tanzfläche (acht Schritte) zum Halbkreis (nach hinten gewölbt).
2. Teil: Jeder dreht sich mit erhobenen Händen rechts um sich selbst acht Schritte, bei der Wiederholung links.

2. Str.:
1. Teil: Alle gehen nach vorne, so daß sich der Halbkreis nach vorne wölbt.
2. Teil: Bei gefaßten Händen hin und her wiegen.

3. Str.:
1. Teil: Der Halbkreis wölbt sich wieder nach hinten.
2. Teil: Der Halbkreis wird zum Kreis, auf dem dann alle bis zum Ende der Strophe rechts gehen.

4. Str.:
1. Teil: Alle gehen mit erhobenen Händen rechts im Kreis.
2. Teil: Alle gehen links im Kreis acht Schritte, dann den Kreis wieder zum Halbkreis nach hinten wölben.

5. Str.: Alle gehen Hand in Hand in der Reihe über die Tanzfläche und verlassen im letzten Teil die Tanzfläche wieder.

5. Bilder

– Foto eines Regenbogens

– Christus als Weltenrichter (altes Gemälde aus Salzburg)
  Aus: av-edition Kirchenjahr V, München/Offenbach 1986.

– Mandorla und Christus auf dem Regenbogen (um 1140)
  Aus: Dia-Bücherei Christliche Kunst, Band 6, Verlag am Eschbach, Eschbach 1982.

– Peter F. Bock: Sonnengesang (Fotomontage)
Aus: av-edition Kirchenjahr V, München/Offenbach 1986.

– Relindis Agethen: Auferstehung
Aus: Hubertus Halbfas, Religionsbuch 1. Schuljahr, Patmos Verlag, Düsseldorf 4. Auflage 1990.

6. Gestalten/Malen/Basteln

(1) Gestaltung der Mitte

– aus bunten Papierstreifen einen Regenbogen über grauen Untergrund legen
– ein selbstgemalter, leuchtender Regenbogen
– ein Regenbogen aus Tüchern gelegt

(2) Bilder malen

– Gemeinschaftsbild: Großer Regenbogen (Abtönfarbe)
– Bild zur Geschichte »Unter dem Regenbogen« nach dem Vorlesen und Bedenken der Geschichte (siehe Abschnitt 3 Nr. 1)
– Bild zum Lied: Ich möcht' mit einem Zirkus ziehn (siehe Abschnitt 4 Nr. 4)
– Jeder sucht sich aus den Farben des Regenbogens seine Lieblingsfarbe aus und versucht, in verschiedenen Tönen seiner Farbe ein Bild zu malen. *(Wasserfarben/Aquarell/Öl)*

(3) Bilder nachmalen

Siehe Abschnitt 5.

– Christus als Weltenrichter
– Peter F. Bock: Sonnengesang (Fotomontage)

(4) Die Farben des Regenbogens

Die verschiedenen Farben des Regenbogens werden bestimmt und auf einen Papierbogen geschrieben. Dann gehen alle von Farbe zu Farbe und schreiben auf den Bogen, was ihnen zu den einzelnen

Farben spontan einfällt. Dann werden in den einzelnen Farbtönen die entsprechenden Assoziationen gemalt und schließlich als Regenbogen zusammengelegt.

(5) Regenbogen-Transparent

Aus Transparentpapier wird in verschiedenen Farben ein Bogen geschnitten, der dann den Farben des Regenbogens entsprechend, an ein Fenster geklebt wird. Darunter kann noch mit Fensterfarbe gemalt werden, was unter dem Regenbogen geschieht.

(6) Mobile: Menschen unterm Regenbogen

Auf einen weißen Fotokarton wird ein Regenbogen gemalt und ausgeschnitten oder aus buntem Tonpapier daraufgeklebt.
In der Mitte des oberen Randes wird ein Bindfaden zum Aufhängen befestigt. An den unteren Rand werden Fäden in unterschiedlicher Länge geknüpft. Dann werden aus Tonpapier oder Pappe unterschiedliche Menschen ausgeschnitten und an den Fäden unterm Regenbogen befestigt. Dann kann das Mobile aufgehängt werden.

(7) Collage: Unterm Regenbogen

Auf einen Bogen Papier wird umspannend ein Regenbogen gemalt. Darunter werden Bilder geklebt zu einem bestimmten Thema: Gottes gute Schöpfung oder Menschen unterm Regenbogen ...

7. Stilleübungen

L = Leiter(in); TN = Teilnehmer(in). Jede freie Zeile im Sprechtext bedeutet eine längere Sprechpause.

(1) Der Regenbogen

In der Mitte des Kreises liegen bunte Tücher in den Farben des Regenbogens.

L spricht:
Hier in der Mitte sehen wir viele bunte Tücher.
Alle Farben des Regenbogens sind darin abgebildet.
Wir wollen uns einmal zurücklegen
und ganz ruhig werden.
Wir schließen die Augen.
Ich singe euch (Ihnen) dabei ein Lied vor.

Lied: Ein bunter Regenbogen (siehe Abschnitt 4 Nr. 1)

Bei diesem Lied habt ihr (haben Sie) vielleicht vor eurem (Ihrem) inneren Auge einen schönen bunten Regenbogen gesehen.
Viele Farben hat dieser Regenbogen.
Jede Farbe ist anders, so,
wie wir Menschen verschieden sind.
Wir öffnen die Augen.
Nacheinander seid ihr (sind Sie) jetzt eingeladen,
ein Tuch aus der Mitte zu nehmen
und dann wieder auf den Platz zu gehen.

Jetzt gehen wir zum Lied im Kreis.
Wir halten unser Tuch ausgebreitet vor uns hin.
Erst die roten,
dann die orangen,
die gelben,
die grünen,
die blauen,
die violetten.

Jetzt sehen wir unseren Regenbogen vor uns und können das Lied singen.

Noch einmal Lied s.o.

(2) Lichtbogen

An der Wand ist ein Bild von einem Regenbogen abgebildet (auch als Dia). Die TN sitzen im Halbkreis davor.

L spricht:
An der Wand sehen wir einen Regenbogen.
Es ist der Lichtbogen,

der alle Farben der Welt trägt.
Wir können ihn nicht greifen, und doch ist er da.
Er verbindet Himmel und Erde.
Er sagt uns:
Gott meint es gut mit uns.

Jetzt wird das Lied »Dann und wann.« (siehe Abschnitt 4 Nr. 2) vorgetragen.

8. Spiel und Aktion

(1) Papptheater: Frederick

Siehe Abschnitt 3 Nr. 3.

Material:

großer Pappkarton, großer Papierbogen, ein langes Rundholz, Pappe, dünne Rundhölzer, Schreibtischlampe, Stifte, Klebstoff, Scheren

Vorbereitung:

Ein großer Pappkarton wird als »Guckkastentheater« hergerichtet. Von oben muß der Karton eine Öffnung haben zum Bewegen der Spielpuppen. Die Kulissen werden zu jeder unterschiedlichen Szene als einzelne große Bilder gemalt. (Die Größe entspricht der hinteren Wand des Pappkartons, der das Theater bildet.) Dann werden sie am oberen Ende an einem Rundholz befestigt und von oben in das Theater an der hinteren Wand hineingehängt.
Auf Pappe werden die Mäuse gemalt und ausgeschnitten. Hinter jeder Maus wird ein dünnes Stäbchen befestigt, mit dem durch die Öffnung des Papptheaters die Figuren bewegt werden.
Von oben dient eine Schreibtischlampe als Beleuchtung.
Nun kann die Geschichte während des Vorlesens im Papptheater szenisch dargestellt werden.

(2) Hörspiel: Der Regenbogen

Siehe (Abschnitt 3 Nr. 4).

Das Gespräch des Textes wird mit verteilten Rollen auf eine Kassette gesprochen und die Geräusche dazu auf Orffinstrumenten erfunden und verklanglicht (das Erscheinen und Verschwinden des Regenbogens z.B. oder die Sonne und den Regen ...).

(3) Einen Regenbogen entstehen lassen

An einem Sonnentag mit einem Gartenschlauch den Wasserstrahl so in die Sonne halten, daß ein Regenbogen zu sehen ist.

(4) Regenbogenspiel

Alle Mitspieler und Mitspielerinnen sind mit bunten Tüchern in unterschiedlichen Farben bekleidet. Alle gehen zu Musik im Raum umher. Der (die) Spielleiter(in) stoppt von Zeit zu Zeit die Musik und nennt dann eine Farbe. Alle mit der entsprechenden Farbe finden sich dann im Kreis zusammen und geben sich die Hände. Wenn die Musik wieder beginnt, löst sich der Kreis, und alle gehen wieder im Raum umher, bis zum nächsten Stop. Sagt der (die) Spielleiter(in) aber keine einzelne Farbe, sondern »Regenbogen«, dann müssen sich alle im Halbkreis oder in einer Reihe in den Farben des Regenbogens in der richtigen Reihenfolge aufstellen.

(5) Farbassoziationsspiel

Alle sitzen im Kreis. Eine(r) steht in der Mitte. Die Person in der Mitte zeigt auf eine(n) Mitspieler(in) im Kreis und nennt seine Farbe. Der (die) Mitspieler(in) sagt dann spontan, was ihm (ihr) dazu einfällt. Je schneller das von einem zum anderen wechselt, desto interessanter wird es. Sagt die Person in der Mitte »Regenbogen«, dann wechseln alle die Plätze. Wer in der Mitte übrigbleibt, setzt das Fragen fort.

Himmel

1. Einführung in das Symbol

Mit dem Begriff »Himmel« verbinden wir zunächst den Himmel, der sich über uns wölbt. Wenn wir uns den Himmel anschauen, dann schauen wir in die Ferne. Wir erhalten eine Ahnung von grenzenloser Weite und Unendlichkeit.

Der »Himmel« ist in unserem Dasein nicht wegzudenken. Er ist überall da, wo auch wir sind. Und doch bleibt er unerreichbar. Er ist zugleich weit weg und doch ganz nah. Das war schon so, als die Menschen sich die Erde noch als Scheibe dachten, über die sich der Himmel wölbt, aber es ist auch heute noch im Zeitalter der Flüge ins Weltall gültig.

Vielleicht wurde der Himmel deshalb auch von den Menschen zur »Wohnung Gottes« gemacht. Gott wohnt im Himmel, das bedeutet vielleicht einfach: Er ist allgegenwärtig und doch unerreichbar.

Weil Gott im Himmel wohnt, ist der Himmel auch das Symbol für Glück und Zufriedenheit, das Ziel menschlicher Sehnsucht, auch über den Tod hinaus. Manche Traditionen reden auch von verschiedenen Himmeln, in die ein Mensch gelangen kann. Daher kommt wohl die Redewendung »Ich fühle mich im siebten Himmel« als Ausdruck einer übergroßen Freude oder eines unfaßbaren Glücks.

Und wenn Jesus vom Reich Gottes oder vom Himmelreich redet, wenn er es beschreibt in den vielen Bildern und Gleichnissen, dann gibt er damit den Menschen eine Zukunftsperspektive, einen Grund zur Hoffnung. Und wie der Himmel, so ist auch das Reich Gottes schon da, aber noch unerreicht.

2. Biblische Bezüge

(1) Himmel als Teil der Schöpfung Gottes

Genesis 1,1.6-8   Deuteronomium 10,12-14

152

(2) Himmel als Wohnung Gottes

Genesis 28,10-17   Lukas 24,50-53
Psalm 115,1-3.15-18   Johannes 3,11-13
Jesaja 66, 1-2a   6,36-40
Matthäus 6,9-14   Apostelgeschichte 1,9-11
Markus 1,9-11   Philipper 3,17-21

(3) Der Himmel im Vergleich zur Größe Gottes

1 Könige 8,27-30   Psalm 8,2
Ijob 22,12-14   36,6-10

(4) Die Himmel verkünden Gottes Ruhm

Psalm 19,2-5a

(5) Der neue Himmel und die neue Erde

Jesaja 65,16-19   Offenbarung 21
2 Petrus 3,8-13

(6) Himmelreich – Reich Gottes

Matthäus 5,18-20   Lukas 17,20-21
        6,31-34   Kolosser 1,3-6
      18,1-5

3. Geschichten/Texte

(1) Der graue und der blaue Himmel

Es gibt den blauen Himmel und den grauen Himmel.
Der blaue Himmel ist immer schön. Manchmal hat er weiße Wolken.
Heute ist der Himmel grau. Da scheint die Sonne nicht.
Es ist kalt.
Es wird noch regnen.

Das Kind ist traurig.

Auf einmal sieht es mitten im grauen Himmel ein blaues Loch – und dort noch eines.

Das eine geht wieder zu. Das andere wird größer. Jetzt geht es auch wieder zu.

Vielleicht kommt es wieder.

Die Mutter sagt: »Heute ist ein grauer Tag.«

»Nein«, sagt das Kind, »der blaue Himmel ist da, Mutter. Man sieht ihn nur nicht.«

Irmgard von Faber du Faur

Aus: Irmgard von Faber du Faur, Liebe Welt, Verlag Sauerländer, Aarau.

(2) Wir brauchen andere Augen

Ein Kind sagt zu seiner Mutter: »Gelt, der Himmel ist doch da oben?« – und es zeigt in die Luft.

»Welchen Himmel meinst du?« fragt die Mutter.

»Ei, den Himmel«, sagt das Kind.

»Meinst du den Himmel, an dem die Wolken sind und wo die Flugzeuge fliegen?« fragt die Mutter geduldig weiter.

»Nein, den richtigen Himmel«, antwortet das Kind, »wo die Engel sind.«

Da sagt die Mutter: »Der Himmel, den du meinst, ist dort, wo Gott ist, und Gott ist überall. Deshalb ist auch der Himmel nicht irgendwo über uns, sondern überall – in uns und um uns herum. Wir können ihn nur noch nicht sehen, weil Gott uns zuerst andere Augen und ein anderes Herz geben muß.«

Gerhard Lohfink

Aus: Ernst Hofmann, Unser jenseitiger Leib, Johannes Verlag, Leutesdorf 4. Auflage 1992.

(3) Wo Himmel und Erde sich berühren

Es waren zwei Mönche, die lasen miteinander in einem alten Buch, am Ende der Welt gäbe es einen Ort, an dem der Himmel und die Erde sich berühren. Sie beschlossen, ihn zu suchen und nicht umzukehren, ehe sie ihn gefunden hätten. Sie durchwanderten die Welt, bestanden unzählige Gefahren, erlitten alle Entbehrungen, die eine

Wanderung durch die ganze Welt fordert, und alle Versuchungen, die einen Menschen von seinem Ziel abbringen können. Eine Tür sei dort, so hatten sie gelesen, man brauche nur anzuklopfen und befinde sich bei Gott. Schließlich fanden sie, was sie suchten, sie klopften an die Tür, bebenden Herzens sahen sie, wie sie sich öffnete, und als sie eintraten, standen sie zu Hause in ihrer Klosterzelle. Da begriffen sie: Der Ort, an dem Himmel und Erde sich berühren, befindet sich auf dieser Erde, an der Stelle, die uns Gott zugewiesen hat.

(4) Die drei Schlüssel zum Himmel

Es lebte einmal ein großer, reicher König zu einer Zeit, in der noch alle Menschen den hohen Berg kannten, auf dessen Gipfel die Tore des Himmels gebaut sind. Bei all seinem Reichtum sehnte sich der König danach, auch die Schlüssel zu den Toren des Himmels zu besitzen; aber keiner konnte sie ihm bringen. Eines Tages sagte ihm ein weiser Mann: »Alle Schätze der Erde kann man geschenkt bekommen, aber die Schlüssel zum Himmel muß jeder selbst suchen.«

Da stieg der König selber auf den steilen Berg bis vor die Tore des Himmels und sagte dem Engel, dem Hüter vor Gottes ewigem Garten: »Ich finde keine Ruhe, bis ich nicht die Schlüssel zum Himmel besitze.« Der Engel lächelte und antwortete: »Auf der Erde blühen viele tausend Himmelsschlüssel, die von Menschen zertreten werden. Wenn du die richtigen drei findest, die nur zu deinen Füßen und für dich aufblühen, kannst du die Tore des Himmels aufschließen.«

Viele Jahre suchte der König und zertrat keinen Himmelsschlüssel, doch nie blühte eine dieser Blumen vor seinen Füßen auf.

Eines Tages bettelte ihn ein schmutziges Mädchen an, das weder Vater noch Mutter hatte. Das Hofgesinde wollte das verwahrloste Kind zur Seite drängen, der König aber setzte es zu sich aufs Pferd. In seinem Schloß ließ er es speisen und kleiden und pflegen. Da blühte zu seinen Füßen ein kleiner, goldener Himmelsschlüssel auf. Und der König ließ die Armen und Kinder im Reich zu seinen Brüdern und Schwestern erklären.

Wieder vergingen Jahre. Da erblickte der König auf einem Ritt durch den Wald einen sehr kranken Wolf. Die Höflinge wollten ihn verenden lassen, er aber trug ihn in seinen Palast und pflegte ihn selbst gesund. Und der Wolf wich nie mehr von seiner Seite. Da blühte ein zweiter goldener Himmelsschlüssel zu seinen Füßen auf. Der König aber ließ von nun alle Tiere in seinem Reich zu Brüdern und Schwestern erklären.

Wieder vergingen einige Jahre. Da spazierte der König in seinem herrlichen Garten mit den seltensten Blumen. Und er erblickte am Wegrand eine kleine, unscheinbare Pflanze, die nahe daran war zu verdursten. »Ich will ihr Wasser bringen«, sagte der König. Doch der Gärtner wollte ihn hindern: »Es ist Unkraut; ich will es ausreißen und verbrennen; es paßt nicht in diesen königlichen Garten!« Der König aber holte Wasser, und die Pflanze begann wieder zu atmen und zu leben.

Nun blühte der dritte Himmelsschlüssel zu des Königs Füßen auf, und das Bettelmädchen und der Wolf standen dabei. Der König aber sah auf dem steilen Berge die Tore des Himmels weit, weit geöffnet.

Auch heute blühen diese drei Himmelsschlüssel noch, und sie leuchten heller und schöner als alle Edelsteine und Blumen der Welt.

Manfred Kyber (nach Himmelsschlüssel*)*

Aus: Manfred Kyber, Gesammelte Tiergeschichten, © 1973 by Rowohlt Verlag GmbH, Reinbek.

(5) Die langen Löffel

Ein Rabbi bat Gott einmal darum, den Himmel und die Hölle sehen zu dürfen. Gott erlaubte es ihm und gab ihm den Propheten Elija als Führer mit. Elija führte den Rabbi zuerst in einen großen Raum, in dessen Mitte auf einem Feuer ein Topf mit einem köstlichen Gericht stand. Rundherum saßen Leute mit langen Löffeln und schöpften alle aus dem Topf. Aber die Leute sahen blaß, mager und elend aus. Es herrschte eisige Stille. Denn die Stiele ihrer Löffel waren so lang, daß sie das herrliche Essen nicht in den Mund bringen konnten.

Als die beiden Besucher wieder draußen waren, fragte der Rabbi den Propheten, welch ein seltsamer Ort das gewesen sei. Es war die Hölle.

Darauf führte Elija den Rabbi in einen zweiten Raum, der genauso aussah wie der erste. In der Mitte brannte ein Feuer und kochte ein köstliches Essen. Leute saßen herum mit langen Löffeln in der Hand. Aber sie waren alle gut genährt, gesund und glücklich. Sie unterhielten sich angeregt. Sie versuchten nicht, sich selbst zu füttern, sondern benutzten die langen Löffel, um sich gegenseitig zu essen zu geben. Dieser Raum war der Himmel.

(6) Der Himmel

Ein Mann, der nicht so recht wußte, wie es wohl sein würde mit der Auferstehung, bat Gott, ihn das begreifen zu lehren. Gott hatte Verständnis für ihn und sagte ihm: »Du darfst das mit dem Himmel schon einmal hier auf der Erde ausprobieren. Erkläre einfach jedes Stückchen Erde, auf dem Menschen sind, mit denen du zusammen sein möchtest, zum Himmel!« Der Mann dachte, das müsse eigentlich ganz nett werden.

Gerade da kam ihm ein Nachbar in den Weg, und als er ihn sah, fand er, das sei ein derart unausstehlicher Kerl, mit dem wolle er ganz bestimmt nicht zusammen im Himmel sein. Als er durch die Straßen ging, ärgerte ihn der Lärm der Kinder. Von lauten Kindern sollte der Himmel jedenfalls frei sein. Nun begann er zu träumen von fernen Ländern und fühlte sich schon fast im Paradies. Dummerweise fiel gerade jetzt sein Blick auf ein Plakat: Die »Dritte Welt« braucht deine Hilfe! Helfen würde er, wenn er den Himmel erst einmal ausprobiert hatte, nicht jetzt. Not gehört sowieso nicht in den Himmel. Während er sein zerstörtes Fernweh beklagte, stieß er fast mit einem Mann zusammen, dem man ansah, daß er Gastarbeiter war. Die sollten schon in den Himmel, aber doch bitte in eine andere Abteilung.

Nun, wenigstens seine Frau und seine Freunde würde er mit in den Himmel nehmen. Doch recht besehen, war er sich auch da gar nicht mehr so sicher!

Als er schließlich überschlug, was ihm an Himmel geblieben war, sah er, daß es nicht mehr war als der Quadratmeter Boden, auf dem er gerade festsaß. Und er merkte mit Entsetzen, daß das die Hölle war.

Da stand er auf, sagte seiner Frau ein gutes Wort und rief einen Kollegen an, der schon lange wartete, daß er sich um ihn kümmerte. Und als er aufstand, spürte er, daß Auferstehung etwas sehr Schönes sein müsse.

(7) Ein guter Mensch am Höllentor

Die Hölle war total überfüllt, und noch immer stand eine lange Schlange am Eingang. Schließlich mußte sich der Teufel selbst herausbegeben, um die Bewerber fortzuschicken. »Bei mir ist alles so überfüllt, daß nur noch ein einziger Platz frei ist«, sagte er. »Den muß der ärgste Sünder bekommen. Sind vielleicht ein paar Mörder da?« Und nun forschte er unter den Anstehenden und hörte sich deren Verfehlungen an. Was auch immer sie ihm erzählten, nichts schien ihm schrecklich genug, als daß er dafür den letzten Platz in der Hölle hergeben mochte. Wieder und wieder blickte er die Schlange entlang. Schließlich sah er einen, den er noch nicht befragt hatte. »Was ist eigentlich mit Ihnen – dem Herrn, der da für sich allein steht? Was haben Sie getan?«

»Nichts«, sagte der Mann, den er so angesprochen hatte. »Ich bin ein guter Mensch und nur aus Versehen hier. Ich habe geglaubt, die Leute ständen hier um Zigaretten an.«

»Aber Sie müssen doch etwas getan haben«, sagte der Teufel. »Jeder Mensch stellt etwas an.«

»Ich sah es wohl«, sagte der ›gute Mensch‹, »aber ich hielt mich davon fern. Ich sah, wie Menschen ihre Mitmenschen verfolgten, aber ich beteiligte mich niemals daran. Sie haben Kinder hungern lassen und in die Sklaverei verkauft; sie haben auf den Schwachen herumgetrampelt. Überall um mich herum haben Menschen von Übeltaten jeder Art profitiert. Ich allein widerstand der Versuchung und tat nichts.«

»Absolut nichts?« fragte der Teufel ungläubig. »Sind Sie sich völlig sicher, daß Sie das alles mitangesehen haben?«

»Vor meiner eigenen Tür«, sagte der ›gute Mensch‹.

»Und nichts haben Sie getan?« wiederholte der Teufel.

»Nein!«

»Komm herein, mein Sohn, der Platz gehört dir!«

Und als er den ›guten Menschen‹ einließ, drückte sich der Teufel zur Seite, um mit ihm nicht in Berührung zu kommen.

Pedro Calderón de la Barca

(8) Geheimnis

Geheimnis
über uns
über allem, was oben ist
größer als der größte Mensch
die mächtigste Macht
Herr, erbarme dich

Geheimnis
unter uns
unter allem, was unten ist
kleiner als der kleinste Mensch
die ohnmächtigste Ohnmacht
Christ, erbarme dich

Geheimnis
nah' bei uns
nah' bei allem, was nahe ist
näher als der nächste Mensch
die wirklichste Wirklichkeit
Herr, erbarme dich

Lothar Zenetti

Aus: Lothar Zenetti, Texte der Zuversicht, 6. Auflage 1987, © J. Pfeiffer Verlag, München.

(9) Wo ich gehe – du

Wo ich gehe – du!
Wo ich stehe – du!
Nur du, wieder du, immer du!
Du, du, du!

Ergeht's mir gut – du!
Wenn's weh mir tut – du!
Nur du, wieder du, immer du!
Du, du, du!

Himmel – du, Erde – du,
Oben – du, unten – du,
Wohin ich mich wende, an jedem Ende
Nur du, wieder du, immer du!
Du, du, du!

Martin Buber

Aus: Martin Buber, Die Erzählungen der Chassidim, Manesse Verlag, Zürich 1949.

(10) Vater im Himmel

Vater im Himmel,
großer Gott,
es ist schön, daß du da bist.
Ich sehe die Wolken und die Sonne.
Ich sehe den Mond und die Sterne,
ich sehe den großen Himmel über mir.
Das hast du alles gemacht.
Aber es ist wunderbar,
daß du auch an uns denkst.
Wir sind so klein gegen deine Bäume
und so winzig gegen deine Berge.
Und es ist wunderbar,
daß du nicht nur die großen Leute siehst,
die berühmten,
die, von denen alle reden.
Sondern auch mich.
Ich bin klein gegen die großen Leute.
Aber du hast mich in deiner Hand.
Du willst mich groß machen und stark,
so daß ich vieles allein tun kann.
Daß der große Hund
mir gehorchen muß,
daß ich ein Auto steuern kann
und allein verreisen.
Nur du bist dann immer noch größer als ich.
Du weißt, was ich nicht weiß.
Du kannst, was ich nicht kann.
Dir gehöre ich,
auch wenn ich groß bin.
Vater im Himmel, großer Gott,
es ist schön, daß du so groß bist.

Heidi und Jörg Zink

Aus: Heidi und Jörg Zink, Wie Sonne und Mond einander zurufen, Kreuz Verlag,
Stuttgart 1980.

4. Lieder/Tanz und Musik

(1) Weißt du, wo der Himmel ist

1. Weißt du, wo der Him-mel ist,
au-ßen oder in-nen,
ei - ne Hand-breit
rechts und links, du bist mit-ten drin-nen,
du bist mit - ten drin - nen.

2. Weißt du, wo der Himmel ist,
   nicht so tief verborgen,
   einen Sprung aus dir heraus
   aus dem Haus der Sorgen,
   aus dem Haus der Sorgen.

3. Weißt du, wo der Himmel ist,
   nicht so hoch da oben,
   sag doch ja zu dir und mir,
   du bist aufgehoben,
   du bist aufgehoben.

T: Wilhelm Willms M: Ludger Edelkötter
Aus: Weißt du, wo der Himmel ist?
Alle Rechte beim Impulse-Musikverlag, 4406 Drensteinfurt.

Tanzbeschreibung:

Aufstellung im Kreis, Front nach innen, mit größerem Abstand, so,
daß jeder die Arme ausbreiten kann, ohne den Nachbarn zu berühren. Schrittfolge: halbe Noten, zwei Schritte pro Takt.

1. Zeile: Vier Schritte in die Mitte, dabei Hände ganz nach oben strecken.
2. Zeile: Vier Schritte nach außen, dabei Hände senken.
3. Zeile: Arme nach rechts und links ausstrecken, dabei vier Schritte auf der Stelle wiegen.
4.+ 5. Zeile: Acht Schritte im Kreis drehen.

In jeder Strophe die Schrittfolge wiederholen.

(2) Der Himmel geht über allen auf

T: Wilhelm Willms   M: Peter Janssens
Aus: Ave Eva oder Der Fall Maria, 1974
Rechte im Peter Janssens Musik Verlag, 4404 Telgte.

Tanzbeschreibung:

Aufstellung: Kreisbahn, Front zur Mitte. Schrittfolge: Viertelnoten.

1. Teil: Arme heben.
2. Teil: Jeder dreht sich um sich selbst, am Ende Arme senken.
3. Teil: Acht kleine Schritte in die Mitte, dabei Arme heben.
4. Teil: Acht kleine Schritte nach außen, dabei Arme senken.

Dieser Tanz ist auch als Kanontanz möglich. Dazu den Kreis von 1-4 durchzählen. Die Gruppen führen dann im großen Kreis nacheinander die Bewegungen aus.

(3) Wenn der Himmel in unsre Nacht fällt

2. Wenn ein Lichtblick uns wieder Mut macht,
   neue Hoffnung das Leben hell macht,
   unser Himmel nach allem Bangen
   nicht mehr länger ist grau verhangen, dann ...

3. Wenn der Himmel sein helles Licht schenkt,
   unsre Schritte auf guten Weg lenkt,
   uns herausholt aus allen Zwängen
   und den Nöten, die uns bedrängen, dann ...

4. Wenn der Himmel in unser Herz dringt,
   unser Leben ein neues Lied singt,
   wenn wir hoffen, wo alle zagen,
   Gottes Zuspruch uns weitersagen, dann ...

5. Denn der Himmel, zu dem wir streben,
   fängt schon hier an in unserm Leben,
   wenn die Strahlen, die uns erreichen,
   uns durchdringen und andern leuchten, dann ...

Strophentext: Winfried Offele, Refraintext: Wolfgang Poeplau
Musik: Hans Florenz
Rechte bei den Autoren.

Tanzbeschreibung:

Aufstellung: Alle stehen in der Kreismitte dicht zusammen, den Oberkörper nach vorne gebeugt. Schrittfolge: Viertelnoten/jede Strophe gleich.

1. Zeile: Alle richten sich auf, heben die zum Kreis durchgefaßten Hände.
2. Zeile: Hände senken und mit acht Schritten nach außen gehen.
3. Zeile: Kreisfassung lösen, jeder dreht sich um sich selber, dabei Hände heben (acht Schritte).
4. Zeile: Auf der Kreisbahn stehen bleiben, Hände nach vorne strecken und zur Seite führen.
Refrain: Hände durchfassen zum Kreis, Front nach außen, sechzehn Schritte nach rechts gehen, acht Schritte nach links gehen, vier Schritte wieder Front zur Mitte drehen, vier Schritte in die Mitte gehen, zurück zur Ausgangsstellung.

(4) Da berühren sich Himmel und Erde

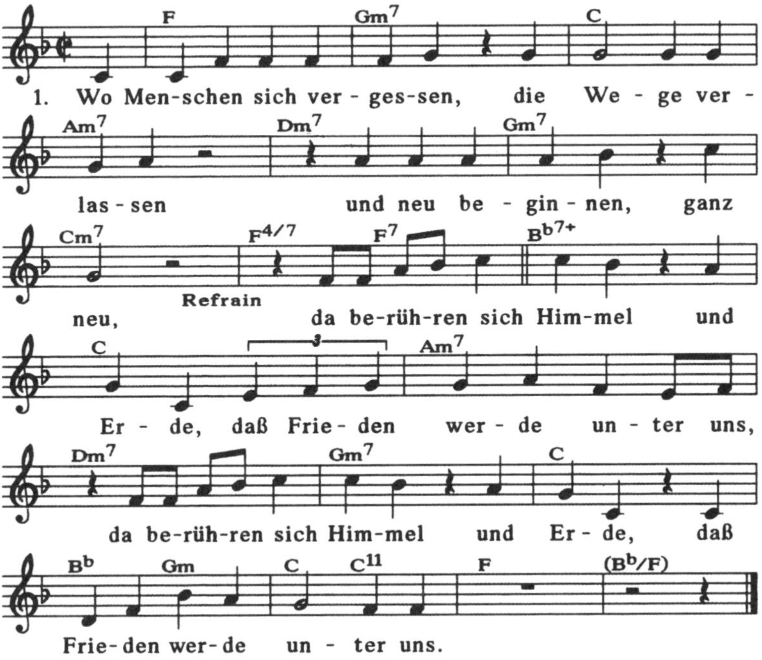

2. Wo Menschen sich verschenken, die Liebe bedenken
   und neu beginnen, ganz neu, da berühren sich ...

3. Wo Menschen sich verbünden, den Haß überwinden
   und neu beginnen, ganz neu, da berühren sich ...

T: Thomas Laubach   M: Christoph Lehmann
Aus: Gib der Hoffnung ein Gesicht, 1989
Alle Rechte im tvd-Verlag, Düsseldorf.

Tanzbeschreibung:

Aufstellung: Kreisform/Front zur Kreismitte, Hände durchgefaßt.
Schrittfolge: Viertelnoten.

Strophen: Alle bleiben stehen und wiegen auf der Stelle (halbe Noten).

Refrain:

1. Teil: Die Hände heben (»... da berühren sich«) und bei dem Wort »Erde« wieder senken, dabei mit dem Wort »Himmel« beginnend, acht Schritte nach rechts gehen (Viertelnoten), dann auf der Stelle wiegen (halbe Noten): rechts-links-rechts. Mit dem Gewicht auf dem rechten Bein verlagert einen Moment stehen bleiben, bis der zweite Teil beginnt.

2. Teil: Wie 1. Teil, nur links herum, am Ende wiegen: links-rechts, links-rechts, Ausgangsstellung.

(5) Christ fuhr gen Himmel

Gotteslob Nr. 228.

(6) Herr, deine Güt ist unbegrenzt

Gotteslob Nr. 289.

(7) Musik zum Träumen

Ganz ruhig zu werden und in den Himmel zu schauen oder die Augen zu schließen und vom Himmel zu träumen, dazu eignet sich jede ruhige Musik, die gleichzeitig ein Gefühl von »Weite« in sich trägt. Hier nur zwei Beispiele:

Anton Dvorak, Sinfonie Nr. 9 e-moll
»Aus der neuen Welt«
2. Satz: Largo

Franz Schubert, Sinfonie Nr. 8 h-moll
»Die Unvollendete«
2. Satz: Andante con moto

(8) Neil Diamond: Jonathan Livingston Seagull

Dear Father
Lonely looking sky
Skybird

Diese Musik eignet sich dazu, tänzerisch und in Bewegungen frei improvisierend umgesetzt zu werden. Die Vorstellung: »Ich bin wie ein Vogel und kann fliegen«, kann dabei hilfreich sein.

(9) Verklanglichung: Der blaue und der graue Himmel

Siehe Abschnitt 3 Nr. 1.

Vorstellung:	Verklanglichung:
blauer Himmel	*Beckenschlag*
grauer Himmel	*dumpfe Töne auf Pauke oder Handtrommel*
weiße Wolken	*Glockenspielmelodie, tiefe Töne, langsam*
kalt	*Klangstäbe*
traurig	*langsame, tiefe Töne auf dem Xylophon*
blaues Loch im grauen Himmel	*dumpfe Töne auf der Pauke oder Handtrommel, dazu leise Triangeltöne, die laut und leiser werden (auch mehrere Triangeln)*

(10) Verklanglichung: Vater im Himmel

Siehe Abschnitt 3 Nr. 10.

Vorstellung:	Verklanglichung:
Einleitung	*alle Instrumente gemeinsam, nicht zu laut*
Wolken	*mit Watteschlegeln auf Handtrommel*
Sonne	*Cymbeln*
Mond	*Triangel*
Sterne	*hohe Töne, Glockenspiel*
Himmel	*Becken*
»Es ist wunderbar.«	*alle Instrumente, die bisher gespielt haben*

Bäume	*Xylophon, tiefe Töne*
Berge	*2 Pauken in unterschiedlicher Stimmlage abwechselnd*
»Ich bin klein ...«	*Melodie auf dem Metallophon*
Hund	*Bellen nachahmen*
Auto	*Autogeräusch nachahmen*
Schluß	*alle Instrumente gleichzeitig*

5. Bilder

- Fotos von unterschiedlich aussehendem Himmel

- H.G. Anniès: Himmelfahrt (Holzschnitt)
  Aus: Wilhelm Böhm, Lieder, Texte, Bilder zum Kirchenjahr III: Die Osterzeit und das Pfingstfest, av-edition, München/Offenbach 1988.

- Ferdinand Hodler: Sonnenuntergang am Genfersee
  Aus: Diabücherei Christliche Kunst, Band 4, Verlag am Eschbach, Eschbach 1982.

- René Magritte: Le tombeau d' Eric Satie
  Aus: Diabücherei Christliche Kunst, Band 4, Verlag am Eschbach, Eschbach 1982.

- Otto Dix: Flandern (Ausschnitt)
  Aus: Diabücherei Christliche Kunst, Band 8, Verlag am Eschbach, Eschbach 1984.

- Hildegard: Scivias – Das Weltall
  Aus: Diabücherei Christliche Kunst, Band 23, Verlag am Eschbach, Eschbach 1988.

- Himmelfahrt Christi (Evangeliar Echternach, um 1050)
  Aus: Diabücherei Christliche Kunst, Band 11, Verlag am Eschbach, Eschbach 1984.

– Sieger Köder: Gott schickt Jakob einen Traum
  Aus: Du legst deine Hand auf mich, Verlag Katholisches Bibelwerk, Stuttgart 1990.

6. Gestalten/Malen/Basteln

(1) Gestaltung der Mitte

– ein himmelblaues Tuch
– ein Sternen-Mond-Sonnen-Wolken-Mobile über einem himmelblauen Tuch
– ein Bild/Foto, auf dem ein weiter Himmel zu sehen ist
– ein blaues/graues/weißes Tuch

(2) Bilder nachlegen

Material:
unterschiedlich blaue Tücher, farbiges Tonpapier, Tuchstreifen, Lege-
plättchen, Kieselsteine ...

Wenn als Mitte ein himmelblaues Tuch gelegt wurde, dann kann nach
einer gemeinsamen Betrachtung des Bildes »Das Weltall« (Hildegard,
Scivias) die Mitte in der Art des betrachteten Bildes gemeinsam nachgelegt werden.

(3) Himmel gestalten

Material
bunte Tücher, gelbes Tonpapier

Methode:
Die Mitte des Kreises ist mit einem großen blauen Tuch ausgelegt.
Mit anderen Tüchern und mit aus gelbem Tonpapier gebastelten Sternen wird der »Himmel« jetzt gestaltet und ausgeschmückt: mit weißen Tüchern als Wolken, mit gelben Tüchern als Sonne und Mond,
mit bunten Tüchern wird ein Regenbogen gelegt ...

(4) Bilder nachmalen

Siehe Abschnitt 5.

– Ferdinand Hodler: Sonnenuntergang am Genfersee
– Sieger Köder: Gott schickt Jakob einen Traum
– evtl. einige der Fotos

(5) Der graue und der blaue Himmel

Material:
Papier, Wachsmalkreiden, Wasserfarben

Methode:
Ein Blatt Papier wird mit Wasser ganz blau grundiert, evtl. mit einer Sonne darin. Wenn die Farbe getrocknet ist, wird das ganze Blatt mit grauer Wachsmalkreide übermalt, möglichst dick. Anschließend werden mit einem Schaber eine graue Flecken herausgekratzt, so, daß der blaue Untergrund stellenweise wieder durchschimmert.
Vor der Aktion die Geschichte (siehe Abschnitt 3 Nr. 1) vorlesen.

(6) Wo ich gehe – du

Siehe Abschnitt 3 Nr. 9.

Material:
Buntstifte und Papier oder Tusche und Feder.

Methode:
Das zentrale Wort des Textes heißt »Du«. Dieses Wort wird jetzt mit bunten Stiften in unterschiedlichen Farben und Buchstaben oder mit Tusche in unterschiedlichen Formen geschrieben, gezeichnet und mit Ornamenten verziert.

(7) Einen Wandteppich als Himmel gestalten

Material:
grobes Sackleinen o.ä. im Format 1x1m (oder größer), dicke Wolle, Filz und Stoffreste in den Farben blau, gelb (evtl. bunte für einen Regenbogen), dicke Stricknadeln, Nähgarn und Nähnadel

Methode:

Das Sackleinen bildet den Untergrund. Auf diesen Untergrund werden blaue Stoffreste genäht, so, daß er ganz mit unterschiedlichen Blautönen bedeckt ist. Darauf werden Sonne, Mond, Sterne, Regenbogen mit der dicken Wolle gestickt oder mit den Stoffresten genäht.

(8) Ein »Himmelsmobile« basteln

Material:

dünne Stäbchen oder Mobile-Träger aus Metall, Bindfäden, Goldpapier, buntes Tonpapier, blaues Kreppapier, Klebstoff

Methode:

Aus Goldpapier werden Sonne, Mond und Sterne gebastelt und an den Enden der Mobilestäbchen befestigt und ausbalanciert. Dann werden dazwischen längere Streifen aus blauem Kreppapier befestigt in unterschiedlichen Blautönen. Mit dem Kreppapier auch auf die Balance achten.

7. Stilleübungen

L = Leiter(in); TN = Teilnehmer(in). Jede freie Zeile im Sprechtext bedeutet eine längere Sprechpause.

(1) Die Reise in den Himmel

Alle sitzen im Kreis in einem Raum oder im Freien auf einer Wiese. Im Raum hängt in der Mitte über einem hellblauen Tuch ein Mobile mit allem, was am Himmel zu sehen ist.

L spricht (evtl. zu leiser Musik):
In der Mitte sehen wir den Himmel angedeutet.
Wir wollen heute eine Traumreise in den Himmel machen.
Wir legen uns auf den Rücken.
Wir schließen die Augen und liegen ganz still.
Wenn es ruhig ist um uns, können wir unsere Traumreise beginnen.

Vor unserem inneren Auge sehen wir den blauen Himmel.
Die Sonne scheint, eine kleine, weiße Wolke fliegt dort oben.
Ich möchte gerne mitfliegen.
Langsam schweben wir der Wolke entgegen.
Jetzt ist sie ganz nah.
Auf dem Bauch lege ich mich darauf.
Ich segele auf meiner Wolke davon.
Viele andere Wolken sind da, wie Wattebäuschchen sehen sie aus.
Der Himmel ist blau und klar.
Aber immer noch ist er weit weg.

Die Sonne wärmt uns.
Sie färbt sich rot und vergeht.

Jetzt wird der Himmel dunkel. Es wird kalt.
Wir legen uns auf den Rücken und kuscheln uns tief in die warme
Wolke hinein.
An den vielen Sternen fliegen wir vorbei.
Und dann ist da der Mond.
Wie eine Sichel sieht er aus.
Der Himmel ist dunkelblau und schwarz.
Immer noch ist er weit weg.

Wie weit der Himmel ist – ob wir ihn je erreichen?
Und wieder geht die Sonne auf.
Es wird warm.
Über uns wölbt sich der grenzenlose, weite Himmel.
Wir schauen nach unten.
Da liegen die Städte und Dörfer, die Felder, Wiesen und Wälder.
Winzig klein.

So weit sind wir schon in den Himmel geflogen, und doch sind wir
nicht da.
Immer ist der Himmel da.
Erreichen können wir ihn nie.

Unter uns liegt unser Dorf, unsere Stadt, unser Haus.
Wir gleiten von unserer Wolke herab und schweben wieder hinunter,
bis in unseren Raum (auf unsere Wiese) hier.
Jetzt sind wir wieder angekommen.
Wir öffnen die Augen.

Alle singen das Lied: »Weißt du, wo der Himmel ist« (siehe Abschnitt 4 Nr. 1).

(2) Der Himmel geht über allen auf

Um eine gestaltete Mitte herum wird als Stilleübung der Kanon »Der Himmel geht über allen auf« (siehe Abschnitt 4 Nr. 2) getanzt.

(3) Den Himmel träumen

Alle legen sich im Kreis auf den Rücken. (Wenn kein Teppichboden da ist, Wolldecken mitbringen.) Alle schließen die Augen und träumen: Wir schauen in den Himmel. Dazu ein ruhiges Musikstück spielen lassen (z.B. wie unter Abschnitt 4 Nr. 7 »Musik zum Träumen« angegeben).

8. Spiel und Aktion

(1) Puppenspiel: Wir brauchen andere Augen

Siehe Abschnitt 3 Nr. 2.

Mit zwei Stabpuppen oder Tücherpuppen wird das Gespräch zwischen Mutter und Kind in einem Kasperletheater oder einer selbstgebastelten Puppenbühne gespielt. (Puppenbühne: Aus einem großen Karton im Boden die Fläche entfernen, aber ca. 3 cm Rand lassen. Den Karton mit dieser Öffnung nach vorne auf einen Tisch stellen, den Tisch vorne mit einer Decke verhängen.)

(2) Schattenspiel: Die drei Schlüssel zum Himmel

Siehe Abschnitt 3 Nr. 4.

Ein weißes Bettuch wird auf einen Holzrahmen gespannt, in einer Größe nach eigener Wahl (rechteckig, lange Seite bildet die Standseite des Rahmens). Figuren und Kulisse aus Pappe herstellen.

Kulisse:
- hoher Berg mit drei »Himmelstoren«, die geöffnet und geschlossen werden können
- Königsschloß
- Blume »Himmelsschlüssel«

Figuren:
- König
- weiser Mann
- Engel
- Mädchen
- Wolf
- Höflinge
- Gärtner
- Unkraut

Kulisse und Figuren werden entsprechend der Größe der Leinwand hergestellt. Die Figuren werden am unteren Rand mit Stäben versehen, die ein Führen hinter der Leinwand ermöglichen.

Für die Darstellung ist es hilfreich, sich vorher genau zu überlegen, an welcher Stelle die jeweilige Kulisse stehen oder die Figur agieren soll. Dann kann zur Geschichte, die vorgelesen wird, gespielt werden.

(3) Kasperletheater: Ein guter Mensch am Höllentor

Siehe Abschnitt 3 Nr. 7.

Ein Kasperletheater aufbauen und die Geschichte mit Kasperlefiguren nachspielen.

(4) Pantomime: Der Himmel

Siehe Abschnitt 3 Nr. 6.

Die Geschichte wird vorgelesen und dazu wird pantomimisch gespielt. »Der Mann« ist in einer Farbe gekleidet und hat zwei Tücher umhängen: ein gelbes für den »Himmel« (vorne) und ein schwarzes für die »Hölle« (hinten).

Zu Beginn hört er auf die Worte Gottes und dreht dann mutig dem Publikum die »Himmelsseite« zu. Jetzt begegnen ihm die Menschen. Immer, wenn er zu dem Entschluß kommt, daß diese Begegnung nicht der Himmel sei, dreht er dem Publikum die »Höllenseite« zu.

Als er mit Entsetzen merkt, daß er sich in der Hölle befindet, kauert er sich zusammen, die »Höllenseite« dem Publikum zugewandt. Während er aufsteht und sich seinen Mitmenschen positiv zuwendet, dreht er auch wieder dem Publikum die »Himmelsseite« zu.

(5) Spiel: Die langen Löffel

Siehe Abschnitt 3 Nr. 5.

Nach dem Vorlesen der Geschichte wird der »Himmel« gespielt: Gemeinsam wird ein Reisgericht als Risotto (alles in einem Topf) gekocht. An Besenstielen oder Rundhölzern werden an einem Ende Eßlöffel befestigt. Alle sitzen im Kreis um einen Tisch. Nach dem Tischgebet versuchen alle, den anderen (einen anderen) mit dem langen Löffel zu füttern, ohne daß etwas daneben geht.

(6) Spiel: Geheimnis

Siehe Abschnitt 3 Nr. 8.

Alle stehen im Kreis, die Hände durchgefaßt. Der Text wird jetzt in Bewegungen nachvollzogen:

1. Strophe: Alle strecken sich ganz nach oben.
2. Strophe: Alle kauern sich auf die Erde.
3. Strophe: Alle rücken nah zusammen und fassen sich
          um die Schultern.

Es bietet sich an, im Anschluß daran das Lied »Weißt du, wo der Himmel ist« (siehe Abschnitt 4 Nr. 1) zu singen und zu tanzen.

(7) Himmelsspiel

Jemand erzählt eine frei erfundene Geschichte, in der immer wieder die Worte: Himmel, Sonne, Mond, Sterne, Regenbogen, Wolken vorkommen. Alle Zuhörer(innen) stehen verteilt im Raum und machen bei diesen Worten immer folgende Bewegungen:

Himmel: Alle strecken ihre Arme weit geöffnet nach oben.
Sonne: Alle fassen eine Hand in der Mitte zusammen, strecken die andere als »Strahlen« zur Seite und drehen sich als Sonne gemeinsam.

Mond:	Alle stellen sich dicht gedrängt zu einem engen Kreis zusammen.
Sterne:	Alle heben die Arme und machen mit den Fingerspitzen das Flimmern der Sterne nach.
Regenbogen:	Alle geben sich die Hand und stellen sich in einen Halbkreis.

(8) Tagtraum

Im Sommer einen Spaziergang miteinander machen. Sich dann auf einer Wiese ausruhen, auf dem Rücken legen, in den Himmel schauen und träumen. Anschließend einander die Träume erzählen.

(9) Luftballons steigen lassen

Mit gasgefüllten Luftballons werden Gute Botschaften an andere Menschen weitergeschickt. Die Botschaften werden geschrieben und dann unten an den aufgeblasenen Luftballons befestigt. Dann werden sie gemeinsam an den Himmel geschickt.

(10) Fliegen

Wenn sich die Möglichkeit ergibt, einmal in einem Segelflugzeug, einem Ballon o.ä. zum Himmel fliegen und die Welt von oben betrachten. Davon hinterher ein Bild malen.

Wolke

1. Einführung in das Symbol

Wolken, das sind für den Menschen Zeichen am Himmel, die ihm näher sind als etwa der unerreichbare Himmel mit seinen Gestirnen in weiter Ferne. Bis zu den Wolken steigen, das ist dem Menschen zumindest zeitweise möglich, wenn er auf einen Berg steigt und die Wolken tief hängen. Wolken begrenzen den Himmel, machen die Unendlichkeit erträglich. Hängen die Wolken aber zu dicht, dann engen sie ein. Wer kennt nicht die trübe Stimmung an einem grauen Tag, an dem der Himmel von Wolken verhangen bleibt.

Manche Menschen reizt es, die Begrenzung des Himmels zu überschreiten, etwa Bergsteiger, die zum Gipfel steigen und dann auf einmal über den Wolken stehen, oder auch Flieger, die die Wunderwelt der Wolken von oben betrachten können.

Wolken, das sind außerdem Zeichen, die für den Menschen relativ einfach zu deuten sind, für die man keiner außerordentlichen Bildung bedarf wie etwa zur Deutung der Sterne. Wolken lassen leicht vorausschauen, ob segensreicher Regen, schönes Wetter oder Gewitter, Sturm und Bedrohung zu erwarten ist.

Wolken regen die Phantasie des Menschen an, wenn er versucht, Wolkenbilder zu deuten oder das Lichterspiel, das Sonne, Mond und Sterne mit den Wolken betreiben, erlebt.

In den Kulturen der Naturreligionen sind die Wolken die Wohnung des »Donnergottes«, der in den altgermanischen, nordischen und indianischen Kulturen eine wichtige Rolle spielt. Sie sind aufgrund ihrer Bewegung auch sein Gefährt. Wolken als Phantasiegefährt finden wir in vielen Märchen und Phantasiegeschichten.

Wolken sind Zeichen der Verhüllung. Sie verbergen etwas, z.B. die Sonne, den blauen Himmel, die Spitzen der Berge ...

Im Alten Testament ist die Wolke Zeichen der Gegenwart Gottes, der seinen Anblick vor den Menschen verbergen muß, weil Menschen Gott nie von Angesicht zu Angesicht sehen können.

Im Neuen Testament finden wir ähnliches, wenn die Wolken in den Berichten vom Kommen des Menschensohnes zum »Thron« Christi werden.

2. Biblische Bezüge

(1) Wolken allgemein

1 Könige 18,41-46
Ijob 1,3-6
    26,6-8
Psalm 77,18
    78,23
Kohelet 11,3-4

Weisheit 2,4
Jesus Sirach 35,26
Jesaja 14,14
Ezechiel 30,18
Lukas 12,54
2 Petrus 2,17

(2) Das Erscheinen Gottes in der Wolkensäule

Exodus 13,21-22
    14,19-20
    33,9-11

Psalm 99,7

(3) Gott verbirgt sich in der Wolke

Exodus 16,10-12
    20,18-21
    24,15-18
    40,34-38
Numeri 9,15-23
2 Samuel 22,10-12
1 Könige 8,10-11

Ijob 22,13-14
Psalm 97,2
Jesaja 4,5
Markus 9,7
Apostelgeschichte 1,9
Offenbarung 10,1

(4) Gott thront auf der Wolke

Jesaja 19,1
Markus 13,26
1 Thessalonicher 4,17

Offenbarung 1,7
    14,14

3. Geschichten/Texte

(1) Wolkengucken

Hast du schon einmal auf einer Wiese gelegen und dabei in die Wolken geschaut?

Manchmal sind es viele kleine Wolkenschäfchen.

Dann wieder sehen sie aus wie dicke, weiche Federbetten, in die man sich hineinkuscheln möchte.

Plötzlich sieht man einen riesigen Kopf mit langem Bart, einer dicken Knollennase und sogar einem Mund. Ein kleines Wolkenloch ist das Auge. Es verschiebt sich und wird zu einem riesigen Hund. Jetzt ist es ein Löwe mit großer Mähne. Der Wind treibt die Wolke auseinander, die Sonne brennt die Wolke fort – sie ist nicht mehr da.

Aber schon kommt eine neue Wolke angesegelt. Sie sieht aus wie ein springendes Pferd und jetzt wie ein Kamel mit Höckern. Bis auch diese Wolke fort ist. Es kommen aber immer neue. Manchmal sind sie so dick, daß sie die Sonne nicht hindurchlassen.

Ursula Fack

Aus: Rolf Krenzer (Hg.), Ich wünsche dir ein gutes Jahr, Werkbuch für Religion und Gottesdienst, Lahn-Verlag, Limburg 1983, Rechte bei der Autorin.

(2) Die leise Wolke

Eine schmale, weiße
Eine sanfte, leise
Wolke weht im Blauen hin.
Senke deinen Blick und fühle
Selig sie mit weißer Kühle
Dir durch blaue Träume ziehn.

Hermann Hesse

Aus: Hermann Hesse, Ausgewählte Gedichte, © Suhrkamp Verlag, Frankfurt am Main 1976.

(3) Die Wolke

Die letzte der Wolken nach Sturmes Gedräue,
Nur du fliegst dahin durch die heitere Bläue,
Nur du wirfst den Schatten hinab auf die Au,
Nur du hüllst den festlichen Mittag in Grau.

Noch jüngst überdeckte den Himmel dein Dunkel,
Und drohend umwand dich der Blitze Gefunkel,
Geheimnisvoll tönte den Donner dein Mund,
Du tränkest mit Regen den durstigen Grund.

Genug, geh von hinnen! Die Zeit ist entwichen,
Die Erde ward kühl und die Stürme verstrichen
Und streichelnd die Blätter der Bäume gelind,
Vom ruhigen Himmel verjagt dich der Wind.

Alexander Puschkin

4. Lieder/Tanz und Musik

(1) Es geht ein dunkle Wolk' herein

2. Und kommst du, liebe Sonn', nit bald,
   so 'weset all's im grünen Wald,
   und all die müden Blumen,
   die haben müden Tod.

3. Es geht ein dunkle Wolk' herein;
   es soll und muß geschieden sein;
   ade, Feinslieb, dein Scheiden
   macht mir das Herze schwer.

T und M: Liederhandschrift des Pater Werlin aus dem Kloster Seeon (1646), 1. Strophe

Tanzbeschreibung:

Aufstellung: Alle stehen im Kreis, Hände gefaßt, Front zur Mitte. Alle haben dunkle Tücher (grau – dunkelblau – schwarz) als Umhänge an. Schrittfolge: pro Takt ein Schritt.

1. Strophe: Vier Schritte in die Mitte gehen,
   vier Takte den Kopf heben,
   vier Takte die Arme heben,
   vier Schritte zurückgehen.

2. Strophe: Vier Takte die Arme heben, Handfassung lösen und Arme ausbreiten,
   vier Takte die Arme senken,
   vier Takte den Kopf hängen lassen,
   vier Takte zusammenkauern.

3. Strophe: Vier Takte aufrichten, Hände fassen und in die Mitte gehen,
   vier Schritte zurückgehen, dabei Handfassung lösen,
   vier Schritte nach außen drehen,
   vier Schritte zusammenkauern.

(2) Wolke, Wolke, dunkle Welt

2. Wolke, Wolke, regne aus Hoffnung über unser Haus.
   Wolke, Wolke, regne aus Hoffnung über unser Haus.

3. Wolke, Wolke, bring zurück uns vom Paradies ein Stück.
   Wolke, Wolke, bring zurück uns vom Paradies ein Stück.

4. Wolke, Wolke, zieh voran, bring uns ins Land Kanaan.
   Wolke, Wolke, zieh voran, bring uns ins Land Kanaan.

T: Wilhelm Willms M: Oskar G. Blarr
Aus: Und siehe, wir leben, BE 813
Rechte im Gustav Bosse Verlag, Regensburg.

Tanzbeschreibung:

Aufstellung: Kreisform, Front zur Mitte, Arme um die Schultern gelegt. Schrittfolge: halbe Noten.

Refrain: Alle gehen mit Beistellschritten (rechts gehen, links an-
            stellen, rechts gehen, links anstellen ...) nach rechts.
1. Strophe: Alle gehen zur Mitte und stellen sich ganz dicht zusam-
            men.
2. Strophe: Alle strecken die Hände zum Himmel und gehen einen
            Schritt nach hinten.
3. Strophe: Alle drehen sich um und gehen vier Schritte nach außen.
4. Strophe: Alle fassen die Hände und gehen im Kreis.

(3) Wir kommen und gehen

2. Wir gehen und wandern, wer treibt uns voran,
   von einem zum andern, wer zieht uns an?
   Wir gehen und hoffen gegen den Schein,
   die Zukunft ist offen, sind wir nicht sein?

T: Lothar Zenetti
Rechte: J. Pfeiffer Verlag, München
M: Wolfgang Biersack
Rechte: Hänssler-Verlag, Neuhausen-Stuttgart.

Tanzbeschreibung:

Aufstellung: Kreisform, Front zur Mitte, Handfassung.
Schrittfolge: halbe Noten.

Alle gehen vier Schritte nach rechts, dann im halben Tempo rechts-links wiegen. Dann wieder vier Schritte nach rechts.

(4) Musik

– Johann Sebastian Bach, Konzert für Violine E-Dur (BWV 1042)
2. Satz: Adagio
– Ludwig van Beethoven, Symphonie Nr. 6 F-Dur, op. 68 (»Pastorale«) 4. Satz: Allegro (» Gewitter, Sturm«)

(5) Wolken-Klangbilder

Verschiedene Formen von Wolken werden angesehen, in der Natur, auf Fotos, Zeichnungen ...
Zu jedem Wolkenbild wird ein Klangbild mit Orffinstrumenten erstellt, das zur Wolkenform paßt (kleine, leichte Schäfchenwolken, Haufenwolken, graue Nebelwolken ...).

(6) Verklanglichung: Gewitter

Besprechen, wie Gewitterwolken aufziehen, was sie mitbringen: Sturm, Regen, Blitz und Donner, die letzten Regentropfen, die Wolken, die sich wieder verziehen. Dann gemeinsam überlegen, wie und mit welchen Orffinstrumenten man das Gewitter nachspielen kann.

(7) Verklanglichung: Elija hört das Rauschen des Regens (1 Kön 18,41-46)

Die Textstelle wird gelesen. Jeder Person wird eine bestimmt Melodienfolge zugewiesen.

Vorstellung:	**Verklanglichung:**
Elija	*Melodiefolge Metallophon*
Ahab	*Melodiefolge Xylophon*
Rauschen des Regens	*Reiben der Fingernägel und -kuppen auf einer Handtrommel*

185

Gehen	*Holzblocktrommel*
Meer	*Glissando auf Stabspielen*
kleine Wolke	*leichte Schläge mit Watteschlegel auf Handtrommel*
Sturm	*Rasseln, Nachahmen mit der Stimme*
Wolken	*Handtrommeln, schlagen (weiche Schlegel) und reiben mit der Handfläche*
Regen	*Trommeln mit den Fingerkuppen auf Hohlräume oder Handtrommeln*

(8) Liedbegleitung

Gemeinsam überlegen, wie und mit welchen Instrumenten die Lieder
»Es geht ein dunkle Wolk' herein« und »Wolke, Wolke, dunkle Welt«
(siehe Abschnitt 4 Nr. 1, 2) angemessen begleitet werden können,
damit die Stimmung beider Lieder unterstrichen wird.

5. Bilder

– Fotos von unterschiedlichsten Wolkenformationen

– William Turner: Meer mit heraufziehendem Sturm
  Aus: Diabücherei Christliche Kunst, Band 13, Verlag am Eschbach, Eschbach 1984.

– Tonbild: Wolke – Zeichen des Lebens
  Meditation über die Wolke als Zeichen Gottes, 1982.

6. Gestalten/Malen/Basteln

(1) Gestaltung der Mitte

- auf blaue Tücher aus weißen und grauen Tüchern einen Wolken-himmel legen
- ein Wolkenmobile von der Decke über ein blaues Tuch herabhängen lassen
- »Über den Wolken« – auf ein blaues Tuch aus Watte ein Wolken-gebirge legen aus der Flugzeugperspektive (von oben)
- auf ein blaues Tuch in die Mitte ein »Wolken-Poster« legen

(2) Bilder malen

(Ölfarben/Aquarell/Wasserfarben/Bleistift, Papier)

- unterschiedliche Wolkenformationen nach der Natur oder nach Fotos malen
- Landschaft mit blauem Himmel und Schönwetterwolken malen
- heraufziehendes Gewitter malen (als Bleistiftzeichnung)
- »Wolke vor der Sonne« malen
- Bild zum Thema »Über den Wolken« malen. Wie sieht die Wol-kendecke wohl von oben aus?

(3) Wolken-Rußdias

Material:
Dia-Deckgläser, Kerze, Zahnstocher, Tesafilm, Diaprojektor

Methode:
Dia-Deckgläser über einer Kerze mit Ruß schwärzen, darin verschie-dene Wolkenformen einritzen mit einem Zahnstocher o.ä.
Dann das bemalte Dia mit einem freien Deckglas zudecken und mit Tesafilm zusammenkleben und durch einen Diaprojektor bemalen.

(4) Wolkenschatten

Material:
Zeitung, Tageslichtprojektor

Methode:
Aus Zeitungspapier werden verschiedene Wolkenformen gerissen
(nicht größer als DIN-A 6-Papier). Dann werden die verschiedenen
Wolken auf einen Tageslichtprojektor gelegt und als Wolkenschatten
an die Wand projiziert.

(5) Wolkenmobile basteln

Material:
weißes Tonpapier, Watte, Mobilestäbchen, Bindfaden, Klebstoff,
Schere

Methode:
Aus weißem Tonpapier werden 5 verschieden geformte Wolken doppelt ausgeschnitten. Zwei gleiche Wolkenteile werden aufeinanderge-
klebt und dazwischen ein Bindfaden befestigt. Die Wolken werden an
dünnen Holzstäbchen befestigt und durch Verschieben ins Gleichge-
wicht gebracht.

(6) Collage: Wolkenhimmel

Material:
großer Bogen blaues Tonpapier oder blauer Stoff, Watte, weicher
weißer Stoff, schwarze Aquarell- oder Wasserfarben, Pinsel

Methode:
Auf einem himmelblauen Untergrund (Tonpapier oder Stoff) werden
mit Watte und weißem Stoff verschiedene Wolkenformen geklebt.
Anschließend vorsichtig mit Schwarz- und Grautönen (Wasserfarbe)
einfärben.

(7) Fensterbild gestalten

Material:
weißer Fotokarton, blaues Transparentpapier, Butterbrotpapier, Schere, Klebstoff

Methode:
Aus weißem Fotokarton ein Transparentbild gestalten, das verschiedene Wolkenformen enthält. Den Hintergrund mit blauem Transparentpapier auslegen, die Wolken mit Pergamentpapier (Butterbrot-

papier). Für ein Fensterbild ist es gut, die Schablone doppelt auszuschneiden und das Transparentpapier dazwischen zu kleben.

(8) Wolkenhimmel gestalten

Material:
blaue, graue, weiße, schwarze, gelbe, orange, rote Tücher

Methode:
Mit den verschiedenfarbigen Tüchern werden auf himmelblauem Untergrund unterschiedliche Wolkenbilder nacheinander gelegt, mit Sonnenstrahlen und bunten Rändern ...

7. Stilleübungen

L = Leiter(in); TN = Teilnehmer(in). Jede freie Zeile im Sprechtext bedeutet eine längere Sprechpause.

(1) Wolkengucken

In eine Wiese legen, ganz still sein und den Wolken nachsehen.

(2) Vom Wolkenschloß träumen

Jeder TN hat vor sich Stifte und ein Blatt Papier liegen.

L spricht:
In der Mitte sehen wir viele Wolken dargestellt.
Heute wollen wir eine Reise zum Wolkenschloß machen.
Wir schließen die Augen und beginnen zu träumen.

Am Himmel sehen wir die Wolken –
groß, weiß, dick und bauschig ziehen sie dahin.
Immer dichter werden sie.
Wir werden ganz leicht.
Im Traum beginnen wir zu schweben, den Wolken entgegen.

Der Himmel wird immer dunkler und grauer.
Jetzt haben wir die Wolken erreicht.

Sie hüllen uns ganz ein, wie in einen Nebel.
Aber wir steigen weiter.
Und jetzt müssen wir die Augen fest zumachen, so hell wird es auf einmal.
Wir sind über die Wolken hinaufgeklettert, und jetzt scheint die Sonne.

Im Traum schauen wir um uns und sind erstaunt:
Die Wolken unter und neben uns sehen aus wie ein wunderschönes Märchenschloß.
Die Sonne läßt alles golden erscheinen.
Ständig baut sie an dem Schloß;
Hier kommt ein Giebel weg, dort ein kleiner Edelstein hinzu.
Grenzenlos weit ist es hier über den Wolken.
Das Bild nehmen wir in uns auf.

Wir nehmen es mit, wenn wir jetzt wieder sanft hinuntergleiten – durch die Wolkendecke hindurch – der Erde entgegen.

Wer wieder hier angekommen ist, kann die Augen öffnen und mit den Stiften vor sich ein Wolkenschloß auf das Blatt malen.

(3) Wolkenbilder

Wir hören die Musik von Bach (siehe Abschnitt 4 Nr. 4).
Zu dieser Musik stellen wir uns verschiedene Wolkenbilder vor. Dazu schließen wir die Augen.
Wenn wir die Musik zum zweiten Mal hören, malen alle ihre Wolkenbilder dazu gemeinsam auf einen großen Bogen Papier.

8. Spiel und Aktion

(1) Wolken stellen sich vor

Nach einem Gespräch über unterschiedliche Erscheinungsformen von Wolken, schreibt jede(r) TN eine Wolkenform mit buntem Stift auf einen breiten Papierstreifen. Sie heften sie auf graue/weiße/ schwarze Tücher, die sie sich umhängen. Alle bewegen sich zunächst nach Musik frei im Raum umher. Dann bleiben alle im Hintergrund stehen. Eine Wolke tritt vor und sagt: »Ich bin die ...wolke. Wenn ich

am Himmel erscheine, dann wissen die Menschen: Es gibt Regen/
schönes Wetter/Sturm...«
Dann tritt die Wolke zurück, die Musik beginnt wieder, alle gehen im
Raum umher, bis die nächste Wolke vortritt.

(2) Wolkengeschichten erzählen

Alle sitzen auf einer Wiese und schauen in den Himmel, an dem
unterschiedliche Wolken zu sehen sind. Die Wolken sehen aus wie
Menschen – Tiere – Dinge. Eine(r) beginnt, eine Geschichte zu erzählen, z.B.: »Siehst du da oben den Wal? Er schwimmt im blauen
Meer.« Ein(e) andere(r) setzt fort: »Jetzt begegnet er einem Herings-
schwarm ...«

(3) Die Wolke

Einige haben blaue Tücher umhängen und bilden den Himmel im
Hintergrund. Das Gedicht »Die leise Wolke« (siehe Abschnitt 3 Nr.
2) wird vorgelesen. Dazu kommt eine(r) mit einem weißen Tuch und
weht vor dem blauen Himmel dahin.
Jetzt folgt das Gedicht »Die Wolke« (siehe Abschnitt 3 Nr. 3). Ein(e)
Spieler(in) mit einem weißen Tuch spielt zunächst die Wolke. In der
zweiten Strophe kommen viele Spieler(innen) mit grauen und
schwarzen Tüchern und ziehen schnell vor dem Himmel dahin. Dazwischen einzelne Darsteller(innen) mit gelben Tüchern, die blitzartig in den Vordergrund treten und wieder verschwinden. In der
letzten Strophe ist wieder nur die letzte Wolke zu sehen, die dann
auch wieder verschwindet. Zwischendurch kann Musik eingefügt und
dazu getanzt werden, z.B. von Ludwig van Beethoven (siehe Abschnitt 4 Nr. 4).

(4) Wettspiel: Auf Wolken getragen

Es werden zwei Mannschaften gebildet. Jeweils 2-4 Personen müssen
eine fünfte »Wie auf Wolken gebettet« eine bestimmte Strecke tragen,
die wieder zur Mannschaft zurückführt. Alle müssen getragen werden. Wer zuerst fertig ist, hat gewonnen.

(5) Wattepusten

Auf einem Tisch, der in der Mitte durch eine Schnur geteilt ist, liegen an den beiden äußeren Kanten unterschiedlich eingefärbte Wattebäusche, auf jeder Seite eine andere Farbe. Es werden zwei Mannschaften gebildet. Jede Mannschaft muß auf ein Startzeichen hin versuchen, ihre Wattebäusche in das gegenüberliegende Feld zu pusten. Fällt ein Wattebausch zu Boden, muß von der Kante aus neu begonnen werden. Wer zuerst alle Wattebäusche im gegenüberliegenden Feld hat, hat gewonnen.

(6) Film: Über den Wolken

Da nicht jede(r) die Möglichkeit hat, mit einem Flugzeug über die Wolken aufzusteigen, kann man gemeinsam einen Film ansehen, der einen Flug über den Wolken zeigt.

(7) In die Wolken steigen

An einem grau verhangenen Tag eine Wanderung auf einen Berg machen. Es kann sein, daß man von Wolken eingehüllt wird oder auch, daß man unter sich im Tal Wolkenfetzen fliegen sieht.

Wind

1. Einführung in das Symbol

»Wind« ist ein Symbol, das Menschen sehr unmittelbar erleben und erfahren – wenn auch oft unbewußt. Wenn von »Wind« die Rede ist, dann verbirgt sich dahinter eine vielschichtige Erscheinungsform. So begegnen wir dem Wind als Luft – Atem – Säuseln – Wehen – Wind – Sturm. Er ist unsichtbar und doch spürbar, ständig vorhanden. Er umgibt uns und ist in uns als Atem, ohne den wir nicht leben können. Erleben wir Momente der Windstille, dann wirken sie auf uns oft geheimnisvoll und bedrohlich, oft als sprichwörtlich gewordene »Ruhe vor dem Sturm«.

In seinen vielfältigen Erscheinungsformen bildet der Wind so etwas wie einen Spiegel menschlicher Gemütsverfassungen.

Atem bedeutet Leben. Atem einhauchen bedeutet Leben einhauchen, z.B. bei der Lebensrettung die Beatmung des Menschen. In den Märchen und Mythen sind es oft die Drachen, die einen giftigen Atem haben und so Unheil über die Menschen bringen.

Die Fähigkeit des Atmens erlaubt es Menschen und Tieren, die Welt zum Klingen zu bringen in Laut, Schrei, Sprache und Musik. Ohne Lebenshauch könnten wir nicht sprechen und singen oder gar auf Blasinstrumenten Musik machen.

Ohne Wind und Luftzug wären wir unfähig, Schwingungen zu hören oder den Geruchssinn zu betätigen. Ohne Wind könnten sich viele Pflanzen nicht fortpflanzen, da der Samen dann nicht verteilt würde. In diesen Formen ist der Wind auch ein Symbol der Kommunikation. Wenn der Wind aber in heftige Stürme übergeht, dann kann man ihm auch hilflos ausgeliefert sein.

Der Wind wurde von den Menschen immer schon als Macht erfahren, die Heil und Unheil bringen kann. Der Wind war in vielen Kulturen der »Atem Gottes«, der in die Welt kommt, also eine Art Kommunikationsform der Götter mit den Menschen. Oder aber die »Sturmgottheit« hatte selbst einen wesentlichen Platz in der Rangordnung der Götter.

Das Alte Testament spricht vom Geist Gottes oft als »ruach«, ein Begriff, in dem die Bedeutungen Wind – Sturm – Atem – Geist vereint sind. Wie der Wind, so ist auch Gott spürbar: unsichtbar und doch anwesend – manchmal sanft (Elija auf dem Gottesberg erlebt Gott als »sanftes Säuseln«), manchmal in Sturmesbrausen daherfahrend, wie es der Psalm 29 beschreibt. Bei der Erschaffung des Menschen haucht Gott Lebensatem ein.

Im Neuen Testament kommt der Geist Gottes wie ein gewaltiges Sturmbrausen zu den Menschen, das zunächst alle in Angst versetzt.

In unserer heutigen christlichen Liturgie kommt das Zeichen des »Ein- und Anhauchens« nicht mehr vor. In früheren Jahrhunderten wurde z.B. das in der Osternacht zu weihende Taufwasser in Kreuzform vom Priester angehaucht oder bei der Taufe der Täufling.

2. Biblische Bezüge

(1) Der Wind als Element

Exodus 10,13.19
     14,21
2 Könige 2,1.11
Ijob 30,22
Psalm 103,15-16
     107,25-31
Kohelet 11,4-5
Hoheslied 4,16

Jeremia 4,11-12
Jona 1,4-16
     4,8
Markus 4,35-41
Lukas 12,55-56
Apostelgeschichte 27,14-26
Offenbarung 7,1

(2) Das menschliche Leben im Vergleich mit dem Wind

Ijob 27,20-21
Kohelet 1,2-6
     2,1.11.17-23.26
     3,19
     4,4.7-8.16
     5,6

Weisheit 5,14
Matthäus 11,7
Johannes 3,7-8

(3) Gott kommt im Wind

1 Könige 19,11-13
Psalm 29

Sacharja 6,1-8
Apostelgeschichte 2,1-2

3. Geschichten/Texte

(1) Der Bauer und das Wetter

Es war einmal ein Bauer, der wollte nicht mehr davon abhängig sein, wie das Wetter zufällig wurde. Er meinte, eine richtige Planung des Wetters, von Sonne und Regen würde ihm mehr Ertrag bringen. Also ging er zu Gott und sagte: »So, wie du das Wetter machst, das paßt mir nicht. Da ist mein Ertrag viel zu sehr von Zufällen abhängig. Laß mich doch einmal ein ganzes Jahr lang das Wetter bestimmen.«
Gott ließ sich darauf ein, und so plante der Bauer sorgfältig jeden Regentag, den Sonnenschein und die richtige Temperatur. Das Korn gedieh prächtig und wuchs heran. Der Bauer freute sich auf die gute Ernte. Aber was mußte er zu seinem Entsetzen feststellen? Keine einzige Ähre trug Frucht. Jede war leer. In seinem Übereifer hatte er den Wind vergessen.

(2) Die Eiche und das Schilfrohr

Am Ufer eines Teiches stand eine Eiche: mächtig und stolz. Sie trotzte der Sonnenhitze und beugte sich keinem Sturm; denn ihre Wurzeln reichten tief. In der Nähe wuchs ein Schilfrohr auf feuchtem Grunde. Es sah schwach und zerbrechlich aus und verneigte sich vor jedem Wind.
»Du tust mir leid«, sagte die Eiche eines Tages. »Wärst du doch näher an meinem Stamm gewachsen, ich würde dich gerne vor den Stürmen beschützen!«
»Du bist sehr freundlich«, sagte das Schilfrohr bescheiden, »aber sorge dich nicht um mich. Kommt ein Sturm mit Gewalt, beuge ich mich bis zur Erde und lasse ihn über mich fortbrausen: Ich beuge mich, aber ich breche nicht!«
Die Eiche schüttelte trotzig ihr Haupt: »Ich leiste jedem Sturm Widerstand; niemals würde ich mich beugen!«
Ein schrecklicher Sturm kam über Nacht; er riß Blätter und Äste aus der aufrechten Eiche. Das Schilfrohr beugte sich bis zur Erde.
Der Sturm wurde zum Orkan. Mit seiner ganzen Wut zerrte er am trotzigen Baum – bis er ihn samt Wurzeln aus der Erde riß.

Als das Unwetter vorüber war, stand das kleine Schilfrohr aufrecht neben dem gestürzten Riesen.

La Fontaine

(3) Der Wind

Der Wind bläst durch die Bäume,
Laub und Papier flattern hoch.
Der Wind bläst durch die Straßen.
Die Haare und die Röcke flattern.
Der Wind bläst.
Danke für den Spaß, den wir haben.

Aus: Rolf Krenzer (Hg.), Halte zu mir heute, guter Gott. Ein Gebetbuch für Kinder und für Erwachsene, die mit Kindern beten, Lahn-Verlag, Limburg, 2. Auflage 1988.

(4) Preist den Wind!

Preist den Wind! Gott gab dem Winde
oberhalb der Erdenrinde
alles in sein Eigentum,
alle Meere, alle Länder,
gab ihm Masken und Gewänder:
Tramontana und Samum,
Zephyr, Blizzard, Föhn und Bora,
Mistral, Eurus und Monsun;
Hurrikan, Passat und Ora
und Tornado und Taifun ...

Wälderdurchbrauser und Steppendurchschweifer,
dunkler Bläser und heller Pfeifer,
hetzt er Schwalbe und Kormoran,
wühlt in den Mähnen der jagenden Rosse,
schleudert er Drachen, Schiffe, Geschosse,
Adler und Geier aus ihrer Bahn.

Kerzenverlöscher und Flammenschürer,
Nebelzerteiler und Wolkenführer,
schäumiger Wellen johlender Freier,
Trinker der Tränen, Zerreißer der Schleier,
rauchblau, schwärzlich und hagelweiß,

Tücherbauscher,
Seelenberauscher,
kindlicher Spieler und zorniger Greis.

Ungebändigt im Springen und Streunen,
reißt die Dächer er von den Scheunen
und von den Herzen die Schwermut los,
kühner Beflügler, ewiger Dränger,
mächtiger Löser und Kettensprenger,
Felsenrüttler und Wipfelbeuger,
großer Zerstörer und größerer Zeuger,
Flötenruf und Posaunenstoß,
reisiger Feger des Himmelshauses,
Abbild des pfingstlichen Geistgebrauses –
preiset den Wind! Der Wind ist groß ...

Werner Bergengruen

Aus: Werner Bergengruen, Gestern fuhr ich Fische fangen, © 1992 by Arche Verlag AG, Raabe + Vitali, Zürich.

(5) Uraltes Wehn vom Meer

Uraltes Wehn vom Meer,
Meerwind bei Nacht:
du kommst zu keinem her;
wenn einer wacht,
so muß er sehn, wie er
dich übersteht:
uraltes Wehn vom Meer,
welches weht
nur wie für Ur-Gestein,
lauter Raum
reißend von weit herein ...

O wie fühlt dich ein
treibender Feigenbaum
oben im Mondenschein.

Rainer Maria Rilke

Aus: Rainer Maria Rilke, Sämtliche Werke, 1966, © Insel Verlag, Frankfurt am Main 1955.

4. Lieder/Tanz und Musik

(1) Wind, Wind, der Samen weht

2. Wind, der die Mühle dreht,
   sacht durch die Blumen geht,
   Wind, der den Sandsturm schafft:
   welch eine Kraft!

3. Wind, der zu Pfingsten weht,
   durch unsre Herzen geht.
   Geist, der die Freude schafft:
   welch eine Kraft!

4. Wind, der uns treibt wie Wind,
   daß wir nun Boten sind.
   Geist, der Gemeinde schafft:
   welch eine Kraft!

T und M: Wolfgang Longardt
Rechte beim Autor.

Tanzbeschreibung:

Zu diesem Lied freie Bewegungen erfinden, die alle gleichzeitig nach-
ahmen.

(2) Wind, Wind, Wind

Wind, Wind, Wind, der, ach, so vieles schafft! Wind, Wind, Wind, wo -

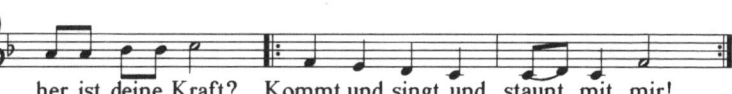

her ist deine Kraft? Kommt und singt und staunt mit mir!

T und M: Wolfgang Longardt
Rechte beim Autor.

Tanzbeschreibung:

Aufstellung: In kleinen Gruppen zu viert, die linken Hände in der Mitte gefaßt. Front zur Kreisbahn. Schrittfolge: Viertelnoten.

1. Teil: Die kleinen Gruppen drehen sich rechts herum um ihre Achse, die durch die linken Hände gebildet werden. Am Ende Drehung und rechte Hände in der Mitte zusammenhalten.
2. Teil: Links herum drehen, wie oben.
3. Teil: Front zur Kreismitte. Hände zum Kreis durchfassen und rechts oder links herum hüpfen.

(3) Wo der Wind weht

1. Wo der Wind weht, wo ein Schiff geht, lockt die
Fer-ne, komm, steig ein. Nicht mehr Schäu-me sind die
Träu-me, und du selbst nicht schwer wie Stein.

2. Wenn der Wind weht und dich einlädt,
   loszufahren auf das Meer,
   los die Leine, setz die Segel,
   und vertrau. Es ist nicht schwer.

3. Wenn das Segel fest im Wind steht,
   kannst du spüren, es gelingt.
   Du wirst staunen und dich wundern,
   welcher Fahrt wir fähig sind.

4. Über Meere und durch Stürme
   geht die Reise hin zum Ziel.
   Nur gemeinsam geht es vorwärts,
   du allein verlierst das Spiel.

5. Wenn der Wind dich weit hinausträgt,
   halt das Ruder, setz dich ein.
   Du brauchst Mut, den Kurs zu halten,
   bald wirst du am Ziele sein.

6. Einer treibt uns weit nach vorne,
   macht uns schneller als den Wind.
   Sturmesbrausen ist sein Zeichen,
   er weht, wo wir Menschen sind.

7. Gottes Geist weckt große Kräfte,
   wenn die Kirche ihn nur will.
   Werde offen für sein Wehen,
   Gottes Wind steht niemals still.

T: Ursula Peck, Christoph Recker   M: Garvin Sutherland
Rechte bei den Autoren.

Tanzbeschreibung:

Alle stehen verteilt im Raum und lassen sich bei geschlossenen Augen
vom »Wind« im Rhythmus des Liedes wiegen (freie Improvisation).

(4) Komm, allgewaltig heilger Hauch

Gotteslob Nr. 242.

(5) Der Geist des Herrn erfüllt das All

Gotteslob Nr. 249.

(6) Songs

- Reinhard Mey: Der Wind geht allezeit über das Land
- Bob Dylan/H. Bradtke: Die Antwort weiß ganz allein der Wind

(7) Musik

- Wolfgang Amadeus Mozart, Konzert für Flöte und Harfe mit Orchester C-Dur, KV 299
- Ludwig van Beethoven, Klaviersonate Nr. 23 f-moll, op. 57 »Appassionata«
- Frédéric Chopin: Grande Valse brillante Nr. 1 Es-Dur, op. 18 Vivo

(8) Verklanglichung: Wind

Zunächst werden verschiedene Arten von Wind benannt (sanft streichelnd, Sturm, Orkan, Wind in den Blättern, über dem Meer ...) und aufgeschrieben. Dann werden die Arten ausgewählt, die verklanglicht werden sollen, und anschließend suchen alle gemeinsam für jede Art die richtigen Instrumente/Geräusche.

(9) Verklanglichung: Die Eiche und das Schilfrohr

Siehe Abschnitt 3 Nr. 2.

Vorstellung:	Verklanglichung:
Eiche	*tiefe Töne auf dem Xylophon oder Melodie, begleitet von Handtrommelschlägen*
Schilfrohr	*Glockenspielmelodie, begleitet von Triangelschlägen*
Sturm/Wind	*Reiben auf Trommelflächen, Stimmengeräusche*

(10) Verklanglichung: Die Stillung des Seesturmes (Markus 4,35-41)

Der Geschichte folgend, werden alle Geräusche gesammelt, die man hören könnte, wenn man einer von den Jüngern wäre: Wellenschlag, sanfter Wind, Ruderschläge, Sturm ..., Stille. Dann werden dazu Instrumente gesucht. Die Geschichte beim Vorlesen verklanglichen.

(11) Flötenkonzert

Miteinander mehrstimmig auf Blockflöten spielen.

5. Bilder

- Goldenes Evangeliar Heinrichs III.: Das Wandeln Jesu auf dem Meer (1045-1046)
  Aus: Diabücherei Christliche Kunst, Band 19, Verlag am Eschbach, Eschbach 1986.

- Caspar David Friedrich: Der Mönch am Meer (Ausschnitt)
  Aus: Diabücherei Christliche Kunst, Band 8, Verlag am Eschbach, Eschbach 1984.

- Kees de Koort: Jesus und der Sturm
  Aus: Was uns die Bibel erzählt, Deutsche Bibelgesellschaft, Stuttgart 1983.

- Sr. Charis Schmitt: Wind und Luft
  Aus: Der Sonnengesang des Heiligen Franziskus (Bildmappe), RPA-Verlag, Landshut 1983.

- »Was der Wind tut«
  Aus: Wolfgang Longardt, Spielbuch Religion, Ernst Kaufmann Verlag/Christophorus Verlag, Lahr/Freiburg, 2. Auflage 1988.

- Künstlerische Darstellungen vom Seesturm, auf denen besonders die Kraft des Sturmes zu sehen ist.

- Fotos von Dingen, die vom Wind bewegt werden: Segelboot mit vollen Segeln, Drachen, Windmühle, Bäume, die sich im Wind bewegen ...

– Tonbild: Der Wind
 Das Tonbild geht der Urerfahrung »Wind« nach, es macht aufmerksam auf das, was uns unbemerkt umgibt.

6. Gestalten/Malen/Basteln

(1) Gestaltung der Mitte

– in die Mitte werden auf ein farbiges Tuch selbstgebastelte Gegenstände gestellt, die vom Wind bewegt werden: eine Windmühle auf
 einem grünen Tuch – ein Papierschiffchen auf einem blauen Tuch –
 ein Drachen auf einem blauen Tuch ...
 Variante: alle Gegenstände gemeinsam auf ein Tuch legen
– auf ein farbiges Tuch werden Fotos (oder gemalte Bilder) von unterschiedlichen Gegenständen, die vom Wind bewegt werden, gelegt

(2) Bilder malen

(Pinsel, Wasserfarben/Abtönfarben/Kreiden, Papier)

Bilder malen zu folgenden Themen:
– Der Sturm auf dem Meer
– Jona
– Segelschiff auf dem See
– Windmühle
– Herbstwind (auch als großes Gemeinschaftsbild)

(3) »Windbuch« herstellen

Material:
kleine Zettel, Buntstifte, Heftklammern

Methode:
Auf kleinen Zetteln, die alle gleich groß sind, wird immer die gleiche
Szene gemalt, z.B. ein Baum, der sich im Wind wiegt (zur Seite neigt,
z.B. nach rechts). Der Baum wird von der Sonne beschienen (rechts
oben), der Himmel ist blau. Das einzige, was sich von Blatt zu Blatt
ändert, ist eine Wolke, die von links her auf jedem Zettel immer mehr

Raum einnimmt, bis sie schließlich die Sonne verdeckt. Wenn man noch weiter malen will, kann die Wolke auch am rechten Bildrand nach und nach verschwinden. Die einzelnen Blätter werden nun sorgfältig aufeinandergelegt und am linken Rand mit Heftklammern zusammengeheftet. Jetzt kann man mit dem rechten Daumen ganz schnell Blatt für Blatt blättern lassen, so daß es so aussieht, als würde sich die Wolke, vom Wind getrieben, am Himmel entlangbewegen.

(4) Malen mit Musik

Material:
Kreiden, Papier

Zu einer Musik, die die Vorstellung von Wind geben kann (siehe Abschnitt 4 Nr. 7), malt jeder nach seinen Eingebungen zum Thema »Wind« ein Bild.

(5) Wasserfarben-Puste-Bild

Material:
dicke Haarpinsel, Papier, Wasserfarben

Methode:
Die Pinsel werden gut naß gemacht und mit Farbe getränkt. Dann werden sie über einem großen Blatt Papier ausgeschlagen, damit dicke Tropfen auf dem Papier liegen. Diese Tropfen werden dann durch Pusten auseinandergetrieben. Dadurch entstehen sehr interessante Figuren. Dieser Vorschlag eignet sich sehr gut auch als Gemeinschaftsbild.

(6) Buntpapier-Pustebild

Material:
bunte Papierschnipsel (auch Transparentpapier), Klebstoff, Pappe, großer Bogen Papier, Schere oder Locher

Methode:
Bunte, möglichst kleine Papierschnipsel werden hergestellt, aus Buntpapier geschnitten oder mit einem Locher ausgestanzt und auf einen Pappkarton gelegt. Hinter dem Pappkarton liegt ein großer Bogen weißes Papier, der ganz mit Klebstoff bestrichen wird. Dann werden die bunten Papierschnipsel auf das Blatt mit Klebstoff geblasen.

die bunten Papierschnipsel auf das Blatt mit Klebstoff geblasen.
Variante: Die bunten Papierschnipsel aus Transparentpapier herstellen und auf eine mit durchsichtigem Klebstoff bestrichene Glasscheibe pusten.

(7) Herbstblättercollage

Material:
bunte Herbstblätter, Papierbogen, Klebstoff

Methode:
Auf einem großen Bogen Papier wird zum Thema »Der Herbstwind bläst die Blätter vor sich her« aus den bunten Herbstblättern eine Collage mit den unterschiedlichsten Figuren geklebt: Trichter – Spiralen – Chaos ...

(8) Windharfe bauen

Material:
kleine, am oberen und unteren Rand durchbohrte Metallplättchen, Bindfaden, Stöckchen

Methode:
An fünf gleichlangen Bindfäden werden im gleichen Abstand kleine Metallplättchen befestigt. Die Bindfäden werden in so geringem Abstand oben an einem Stäbchen befestigt, daß sie einander berühren können. In der Mitte des Stäbchens wird noch ein Bindfaden zum Aufhängen der Windharfe befestigt. Jetzt kann die Windharfe in ein offenes Fenster oder in den Garten gehängt werden. Wenn dann der Wind durchbläst, klingt die Windharfe.

(9) Windauto bauen

Material:
das Untergestell eines ausgedienten Kinderwagens, ein stabiles Brett, ein Besenstiel, zwei dünnere Rundhölzer, Schnur, ein altes Bettuch

Methode:
Auf das Untergestell des Kinderwagens wird ein stabiles Brett gut befestigt als Sitzfläche. Im vorderen Teil wird ein Loch gebohrt, in das ein Besenstiel als Mast paßt, der auch gut befestigt sein muß. Zwischen den beiden Rundhölzern wird das Bettuch als Segel befestigt.

Das obere Rundholz wird am oberen Ende des Besenstiels befestigt. An die beiden Enden des unteren Rundholzes wird die längere Schnur zum Festhalten des Segels geknotet.

(10) Drachen bauen

Material:
2 Rundhölzer, Klebstoff, Transparentpapier, (Stoff), Schnur

Methode:
2 Rundhölzer in Kreuzform zusammenbinden. An den vier Enden von einem Ende zum anderen die Schnur spannen, damit der äußere Umriß eine Raute wird. Um die Raute herum Transparentpapier kleben oder leichten Stoff (z.B. Taft) spannen (auch mit Heftklammern). An den Schnittpunkt des Kreuzes die lange Schnur binden, an der der Drache in die Luft gelassen wird. Wer möchte, kann an dem unteren Ende des Kreuzes noch eine Schnur mit bunten Schleifen als Drachenschwanz befestigen.

(11) Windrad/Windmühle bauen

Material:
quadratisches Papier (möglichst etwas festeres Tonpapier), Schere, Stecknadeln mit Köpfen, Klopapierrollen, buntes Papier, Rundhölzer

Methode:
Das quadratische Papier zweimal diagonal falten, so daß die Falten in der Mitte ein Kreuz bilden. An den vier Faltkanten entlang die Hälfte bis zur Mitte einschneiden. An jeder Kante eine Ecke bis zur Mitte biegen und dadurch eine Stecknadel stechen. Das so entstandene Windrad mit der Stecknadel an einem Rundholz befestigen und in einen Blumenkübel ins Freie stellen.
Wenn man an Stelle des Rundholzes eine Klopapierrolle nimmt, darauf aus einem Kreis ein Dach baut und die Klopapierrolle bunt beklebt und mit Türen und Fenstern bemalt, dann hat man eine kleine Windmühle.

7. Stilleübungen

L = Leiter(in); TN = Teilnehmer(in). Jede freie Zeile im Sprechtext bedeutet eine längere Sprechpause.

(1) Wind und Luft

Alle sitzen im Kreis.

L spricht:
Wir schließen die Augen und träumen vom Wind.
Wir stehen im Haus vor der Haustür.
Wir öffnen die Türe und spüren den ersten Lufthauch.

Geh hinaus!
Du spürst die Luft.
Sie dringt in dich ein.
Du spürst den Atem.
Er strömt in dich ein.
Er kommt aus dir heraus.
Du kannst leben.
Geh hinaus, wenn der Wind weht!
Du spürst seine Kraft.
Er kann wehen, brausen, stürmen.
Er kann dich streicheln.
Er kann deinen Drachen steigen lassen.
Er läßt die Blätter wirbeln.
Er bewegt die Wolken.
Du kannst dich von ihm treiben lassen.
Der Wind sagt:
Ich bin leise und laut.
Ich kann säuseln und pfeifen.
Ich kann kühlen und blasen.
Ich bin sanft und wild.

Schwester Ester Kaufmann

Aus: Der Sonnengesang des Heiligen Franziskus, RPA-Verlag, Landshut 1983.

Jetzt kann ein »Windlied« gesungen oder vorgespielt werden, z.B.
»Wind, Wind, der Samen weht« (siehe Abschnitt 4 Nr. 1).

(2) Mit allen Sinnen den Wind wahrnehmen

L spricht:
Wir gehen hinaus auf eine Wiese.
Dort legen oder setzen wir uns ins Gras.
Wir schließen die Augen.

Wir spüren den Wind auf unserer Haut.

Wir hören, wie der Wind in den Blättern spielt.

Wir öffnen die Augen und schauen, wie der Wind Bäume, unsere Kleider, die Wolken, das Gras ... bewegt.

(3) Baum im Wind (Einschwingen)

L spricht:
Alle verteilen sich im Raum.
Wir schließen die Augen.
Wir stellen uns vor, wir sind Bäume, die sich im Wind bewegen.

Ein Musikstück soll die Vorstellung erleichtern (siehe Abschnitt 4 Nr. 7).

(4) Andere Stilleübungen

– Malen mit Musik (siehe Abschnitt 6 Nr. 4) kann auch als Stille-übung gestaltet werden.
– Die freie Improvisation zum Lied »Wo der Wind weht« (siehe Abschnitt 4 Nr. 3).

8. Spiel und Aktion

(1) Windspiele (Ballett)

Material:
viele bunte Tücher, Musik

Dinge, die vom Wind bewegt werden, werden benannt und unter die Mitspieler(innen) verteilt. Zum Verdeutlichen der Rolle, bekommt jede(r) Mitspieler(in) ein farbiges Tuch. Mögliche Rollen sind z.B.

Wolken, Bäume, Wasser, Gräser, Blätter, Blumen. Die Musik, zu der das Spiel als Ballett getanzt werden soll, wird angehört und dann die Reihenfolge des Erscheinens, die Art der Bewegung, der Ort auf der Bühne oder Spielfläche besprochen und ausprobiert. Dann wird zur Musik gespielt.

Musikvorschlag: Frédéric Chopin, Grande valse brillante (siehe Abschnitt 4 Nr. 7)

(2) Spiel: Die Eiche und das Schilfrohr

Siehe Abschnitt 3 Nr. 2.

Die Kulisse wird mit Tüchern gelegt: Teich und Wiese. Jemand stellt die mächtige Eiche dar, die starr und fest steht, jemand anders das Schilfrohr, das hin und her schwankt. Die Sonne wird mit gelben Tüchern dargestellt, der Sturm mit weißen, grauen und schwarzen Tüchern, die stark bewegt werden. (Das Spiel kann gut von dem Verklanglichungsvorschlag im Abschnitt 4 Nr. 9 begleitet werden.)

(3) Papptheater: Jona

Ein Papptheater wird hergestellt (siehe Abschnitt 8 Nr. 1) mit den Kulissen und Figuren der Jonageschichte: Meer, Schiff, Jona, Seeleute, Fisch, Stadt Ninive, Leute von Ninive, Rizinusstaude ... Dann wird die Jonageschichte gelesen und dazu im Papptheater gespielt. Die »Geräuschkulisse« sollte hierbei auch gut ausgewählt werden.

(4) Bewegungsspiel: Der Sturm auf dem Meer (Mk 4, 35-41)

Die Geschichte vom Sturm auf dem Meer wird frei erzählt und dabei viel Wert auf die Beschreibung der Landschaft, des Wetters und der Wellen gelegt. Beim Erzählen vollziehen die Zuhörer(innen) die Bewegungen der Geschichte mit: das Rudern der Jünger, die erst kleinen dann immer höher werdenden Wellen, das Sturmbrausen, die Stille.

(5) Der Wind als Spielgefährte

Bei starkem Wind einen Spaziergang machen. Dabei bewußt erleben, wie es ist, wenn man sich vom Wind vorantreiben läßt oder wenn man sich ihm entgegenstellt. Vielleicht auch zwei Wettrennen machen: eins mit dem Wind und eins gegen den Wind.

(6) Drachen steigen lassen

Die selbstgebastelten (oder auch gekauften) Drachen an einem windigen Tag steigen lassen und dabei die Kraft des Windes spüren.

(7) Windauto fahren

Mit dem selbstgebastelten »Windauto« (siehe Abschnitt 6 Nr. 9) einen Fahrversuch auf einem großen, freien, gepflasterten Platz machen. Der (die) Fahrer(in) setzt sich hinter das Segel und nimmt beide Enden der unteren zwei Schnüre in die Hand, um das Auto lenken zu können.

(8) Segelfliegen

Wenn man die Gelegenheit hat, kann es eine gute Erfahrung sein, einmal bei einem Segelflug mitzufliegen und zu spüren, wie das Flugzeug und man selbst vom Wind getragen wird.

(9) Segelboot fahren

Wenn es möglich ist, auf einem Segelboot einmal eine Fahrt mitmachen. So lernt man die Kraft des Windes gut kennen.

(10) Windmühle besichtigen

Gemeinsam eine Windmühle und deren Funktionen besichtigen. Vielleicht ist es möglich, eine solche Konstruktion mit technischem Spielzeug nachzubauen.

(11) Unser Atem – unser Leben

Wir stellen uns einmal ganz gerade hin, lassen die Arme locker hängen und atmen ganz bewußt tief ein. Wir spüren, wie die Luft in uns eindringt und wie wir sie wieder abgeben müssen. Wir probieren unterschiedliche Atemtechniken aus: Zwerchfellatmung – Atmen mit dem Brustkorb. Wir entdecken die Bewegungen, die unser Körper beim Atmen macht. Wir versuchen, wie lange wir den Atem anhalten können.

(12) Wettpusten mit Tischtennisball

Drei Latten werden hochkant auf eine asphaltierte Strecke oder einen Steinboden gestellt, so, daß zwei Bahnen entstehen. (Bei mehr als zwei Mitspieler<inne>n entsprechend mehr Latten.) An beiden Enden der Bahn wird eine Begrenzungslinie als Start und Ziel gelegt oder mit Kreide gezeichnet. An die Startlinie wird in jede Bahn ein Tischtennisball gelegt. Die Mitspieler(innen) pusten nun den Ball auf ein Startzeichen hin um die Wette die ganze Bahn entlang. Wer zuerst den Ball hinter die Ziellinie gepustet hat, ist Sieger(in).

(13) Auf Flaschen blasen

In leere Weinflaschen wird in unterschiedlicher Höhe Wasser gefüllt. Dann versuchen alle, auf dem Flaschenhals zu blasen und Töne zu erzeugen. Wenn es allen gelingt, kann versucht werden, eine Tonleiter oder ein Lied mit den unterschiedlich gefüllten Flaschen zu blasen. Jede Flasche ein Ton, also ein Melodiepuzzle!

(14) Windgeräusche auf Kassette aufnehmen

An einem windigen Tag mit einem Kassettenrecorder nach draußen gehen und »Windgeräusche« aufnehmen: die Blätter im Wind, das Pfeifen des Windes durch Ritzen und um Ecken ...

(15) Videofilm drehen

Mit einer Videokamera einen Film zum Thema »Was der Wind bewirkt ...« drehen und vorführen.

Feuer

1. Einführung in das Symbol

Blitz – Feuer – Glut – Asche, das sind Worte, die wir mit dem Sammelbegriff »Feuer« verbinden. Bei kaum einem anderen Symbol steht uns die Ambivalenz so vor Augen. Auf der einen Seite ist das Feuer etwas Bedrohliches.»Feuer!« Dieser Ausruf versetzt alle im Umkreis sofort in Alarmbereitschaft. Die »Feuerwehr« wird gerufen, um einen entstandenen Brand zu löschen. Den vernichtenden und verzehrenden Aspekt des Feuers können wir erkennen, wenn ein Haus in Flammen aufgeht, wenn wir Bilder eines Waldbrandes, Steppenbrandes oder Vulkanausbruchs sehen.

Auf der anderen Seite bedeutet Feuer auch: Licht, Wärme, Geborgenheit, Gemütlichkeit, Romantik. So zum Beispiel am Lagerfeuer und am Kaminfeuer. Im »olympischen Feuer« wird etwas von »Ruhm und Ehre« versinnbildlicht.

Weil das Symbol »Feuer« so doppeldeutig ist, werden mit ihm auch grundlegende Lebenserfahrungen im Bild ausgedrückt, z.B. das verzehrende Feuer des Zornes und der Leidenschaft oder die wärmende, belebende Glut der Liebe oder das (Schmiede-)Feuer, das vieles (sogar Eisen) umformen kann.

Begeisterung – Liebe – Haß – Zorn – Leiden – Läuterung – Reinheit sind Begriffe, die wir mit Feuer in Verbindung bringen. Auch in Redewendungen wird das deutlich. Hier einige Beispiele: in Liebe entbrennen – Feuertaufe – Feuer und Flamme sein – mit dem Feuer spielen – einer hat Feuer gefangen – Feuer unterm Dach haben – in mir kocht ein Vulkan.

Feuer hat wohl für den Menschen seit jeher eine große Anziehungskraft gehabt. Die Urvölker sahen im Feuer ein Geschenk des Himmels, das die Götter ihnen im Blitz auf die Erde schicken. Manchmal ist es selbst eine Gottheit, wie z.B. der indische Feuergott Agni.

Der Mensch hat das Feuer gezähmt und sich zunutze gemacht. Zunächst hat er es aufbewahrt und mit sich getragen, wenn es ihm durch Blitze vom Himmel geschenkt worden war. Es hat einige Zeit gedauert, bis er selbst in der Lage war, Feuer zu machen. Deswegen blieb Feuer eine Gabe der Götter. Die Macht über das Feuer bedeutete eine große Steigerung der Lebensqualität für die Urvölker und – das Feuer konnte auch als Waffe gegen Feinde eingesetzt werden. Das Thema »Brandstiftung« ist auch in unserer Zeit noch aktuell.

Bei Nomadenstämmen wird Feuer sorgsam gehütet und vorsichtig mitgetragen. Das Feuer wird nur besonders angesehenen Menschen anvertraut. Bei seßhaften Völkern hat es seinen Ort am Feuer der Familien und auch als Feuer im Heiligtum, das nicht verlöschen darf. Das Feuer, die heilige Flamme finden wir in sehr vielen Kulten, bis hin zum »ewigen Licht«, das heute noch in den katholischen Kirchen brennt.

In einigen Märchen kommt die Wandlungskraft des Feuers zum Ausdruck: Menschen, die tagsüber Tiere sind und nachts zum Menschen werden, können ihre menschliche Gestalt behalten, wenn ihre Tierhaut ins Feuer geworfen und verbrannt wird. Damit wird ein Wandlungsprozeß angedeutet, der im christlichen Bild des »Fegefeuers« als Feuer der Läuterung seine Fortsetzung findet.

Feuer- und Brandopfer waren und sind in vielen Religionen von großer Bedeutung und auch im Alten Testament für das Volk Israel vorgeschrieben.

Neben dem Fegefeuer als Feuer der Läuterung und Reinigung steht das ewige, vernichtende Feuer der Hölle als Bild der Abwendung von Gott, so, wie es im Neuen Testament öfter erwähnt wird.

Auch der Gott Israels und der Christen erscheint im Feuer, so z.B. im Alten Testament dem Mose im brennenden Dornbusch oder im Neuen Testament in der Geistsendung am Pfingsttag.

In der christlichen Liturgie ist die Feuersymbolik im Osterfeuer und der daran entzündeten Osterkerze, die ihre Flamme an alle Gläubigen weiterreicht, fortgesetzt. In diesem Feuer wendet sich der auferstandene Christus selbst den Menschen zu.

Auch die Asche als Restbestand des Feuers hatte in allen Kulturen eine zentrale Bedeutung. Als Zeichen der Trauer streuten sich Menschen Asche auf den Kopf oder bemalten sich mit Asche. »Sich Asche aufs Haupt streuen« war auch ein Eingeständnis von Schuld und damit verbunden gleichzeitig der Wille zur Umkehr. In dieser Bedeutung erleben wir noch heute das Symbol der Asche im Zeichen des Aschenkreuzes, das am Aschermittwoch in den katholischen Kirchen den Gläubigen auf die Stirn gezeichnet wird.

Die Asche ist aber auch Zeichen der Fruchtbarkeit und Reinigung. In der Mythologie wird das deutlich im Bild des Vogels Phönix, der die Seele des Sonnengottes verkörperte und der sich in gewissen Abständen selbst verbrennen sollte, um aus der Asche neu aufzusteigen. Wegen dieser Sage wurde der Vogel Phönix in der Kunst auch ein

Sinnbild des Todes und der Auferstehung Christi. Aus der Asche neu geboren werden – darauf vertrauten auch Bauern, die sich vom Verbrennen ihrer Stoppelfelder eine größere Fruchtbarkeit des Bodens erhofften.

2. Biblische Bezüge

(1) Blitz

Exodus 9,23-24
19,16
Ijob 36,32
37,3-4
Psalm 77,19
97,4

Baruch 6,60
Ezechiel 1,13-14
Daniel 10,6
Matthäus 24,27
28,3

(2) Feuer

Exodus 22,4-5
2 Könige 2,11
Sprüche 26,18-21

Weisheit 16,7
Jesaja 44,15-20
Lukas 12,49-53

(3) Feuer der Vernichtung

Genesis 19,23-29
Levitikus 10,1-2
Numeri 11,1-3
Deuteronomium 13,17
Psalm 18,8-16
Jesaja 10,16-19
33,10-14

Ezechiel 15,1-8
21,1-5
22,17-22
Matthäus 13,40-43
Markus 9,43-48

(4) Feuer der Läuterung

Judit 8,26-27
Psalm 66,8-12
Jesus Sirach 2,1-6
Jesaja 6,1-8

Matthäus 3,10-12
Markus 9,49
1 Korinther 3,12-15

(5) Feuer als Empfindung

Psalm 39,4
Hoheslied 8,6-7
Jeremia 5,14

Lukas 24,32
Jakobus 3,5-6

(6) Opferfeuer

Genesis 22,6-9
Exodus 29,18
Levitikus 1,1-17
       7,28-38

Richter 6,21
1 Könige 18,22-40
1 Korinther 13,3

(7) Gott im Feuer

Exodus 3,1-6
      13,21
      19,18
      24,17
1 Könige 19,12

Psalm 29,7
Daniel 3,1-97
Apostelgeschichte 2,3-4
2 Thessalonicher 4,6-8
Hebräer 12,28-29

(8) Asche

Numeri 19,1-10
Josua 7,6
2 Samuel 13,19
Judit 4,11

Ester 4,1
2 Makkabäer 13,5
Ijob 2,8-12
Jesaja 44,20

3. Geschichten/Texte

(1) Feuer

Wir sind unterwegs mit Rucksack und Zelt. Wir lassen uns nach langem Tag nieder zur Rast. Dämmerung fällt ein – ein lauer Sommerabend. Alle sind müde geworden. Und doch, obwohl die Beine schwer geworden sind und der Hunger groß, machen sich einige auf und sammeln Holz. Sobald das Feuer entfacht ist, lassen sich alle bei ihm nieder. Es ist, als flammte mit der ersten Flamme das Leben nochmals mächtig auf. Im Holzstoß funkt und knistert und kracht es wie in einem Bündel voller Leben. Wir fangen zu singen an, ausgelassen, übermütig. Unsere Melodie wird geführt und geschürt durch das lodernde Feuer.

Allmählich wird es ruhiger. Das Singen verstummt. Alle Augen blikken in dieselbe Richtung, ins Feuer. Wir rücken zusammen und verspüren die Verbundenheit, die der Tag wachsen ließ und die Wärme, die vom Feuer ausgeht. Dem Feuer nahe, kommen wir uns einander nahe.

Die Flamme ist voller Durst. Wie eine Schlange züngelt sie nach oben, unruhig, unersättlich. Sie leckt und verzehrt in Leidenschaft alles, was sie ergreifen kann. Zur Auflösung bringt sie, was sie erreichen kann. In Schutt und Asche wird verwandelt, was dem Flammentod anheimfällt. Voller Leidenschaft, voller Drohung, voller Unruhe ist das Feuer. Schwer ist es zu bändigen.

In den Augenblicken des Schauens und Horchens spüren wir es. Zwei Seiten hat das Feuer. Es ist Element, das Licht und Wärme bringt, das Leben spendet. Es ist aber auch das Unheimliche, Bedrohliche, Zerstörende, die Gewalt der Feuersbrunst, die Verderben sät und in Schutt und Asche legt.

Was aber Bestand hat im Feuer, ist geläutert, wird unzerstörbar.

Hanni Neubauer

Aus: Religionspädagogische Praxis 4/1981, © RPA-Verlag, Landshut.

(2) Das Schmiedefeuer

»Es gibt nichts, das vom Feuer nicht verbrannt werden kann.«
So sagte mein Vater früher, und er mußte es wissen, denn er war Schmied. Es hat mich immer wieder begeistert, wenn die Luft durch die Kohlen zischte und die Eisenstücke hellglühend und weißlich rauchend aus der Esse gerissen wurden.

Besonders aufregend war es, wenn die Bauern ihre Pferde zum Beschlagen in den Hof führten, vor allem bei den jungen Hengsten, die voller Unrast den Kopf zurückwarfen, zu tänzeln begannen und die Nüstern blähten, wenn sie das versengte Horn von den Hufen ihrer Vorgänger witterten.

Die Pferde wurden sehr nervös und steckten mit ihrer Angst und der aufkommenden Ungeduld viele andere an.

Anders mein Vater, er wirkte sehr besonnen und mächtig, sprach geduldig und beruhigend auf die Tiere ein, ging zurück zur Esse, holte das hellrote, glühende Eisen mit der Zange hervor, schmiedete es rund und flach, daß die Funken nur so stoben, drehte es immer wieder kunstfertig mit der Greifzange und gab mit dem schweren Hammer und wenigen Hieben dem Stück die endgültige Form. Dann ging er seelenruhig dicht an das Pferd heran und riß ihm blitzschnell die Hinterhand hoch. Der Bauer, der danebenstand, übernahm das angewinkelte Bein, und das Tier konnte nun nicht mehr davongaloppieren. Jetzt brachte der Gehilfe das glühende Hufeisen aus der Esse, ließ es kurze Zeit kühlen, so daß es eine dunkelrote Farbe annahm, dann vermochte Vater das brandheiße Eisen auf den Horngrund des Hufes einzubrennen. Es roch scharf, und der fliehende Rauch schlug beißend und durchdringend in die Nase.

Das Hufeisen schmolz in die Hornmasse hinein und konnte unmittelbar danach mit einigen kurzen Eisenstiften befestigt werden. Dieser Vorgang wiederholte sich an jedem Bein, bis das Pferd vollständig beschlagen war und mit klirrenden Hufen aus dem Hoftor trabte.

Das Hochreißen des jeweiligen hinteren Beines mußte mit viel Entschlossenheit und Kraft und vor allem zum richtigen Zeitpunkt geschehen, und es war ganz wichtig, daß es von der Seite erfolgte, damit das nervöse und mißtrauisch gewordene Tier nicht nach hinten ausschlug und Vater verletzte.

Ich war immer ganz stolz auf ihn, wenn er die Hufe hochriß, so als wäre es nichts. Auch wenn die Bauern nichts sagten, so hatten sie

doch großen Respekt vor ihrem Schmied. Das konnte man spüren.
Oft saß ich auch allein vor der Esse und bediente den Blasebalg. Die
Luft fauchte durch die Kohlen, und das hochschießende Feuer wirbelte gegen den Rauchfang.
Die Leuchtkraft hatte etwas Ursprüngliches, Bedrohliches und Hoffnungsvolles zugleich. Das Feuer veränderte zwar seine Farbe und
seine Gestalt, aber es blieb immer klar und eindeutig. Vielleicht war
es dieses Eindeutige, diese Kraft, welche von ihm ausging, jenes Geheimnis von Licht und Wärme einerseits und die Gefahr des Verbrennens andererseits, was mich so anzog.
Ich erinnere mich an einen Spätsommertag. Mein Vater hielt ein schönes Stück Eisen in der Esse und schimpfte nicht, wenn ich den Blasebalg übermächtig trat. Das glühendgelbe Feuer durchdrang das Eisen,
durchwanderte das grobkristalline Gefüge wie ein Flammenrad, verdichtete die Masse, damit sie dehnbar und feinkörnig werde. Danach
riß er den glühenden Werkstoff blitzartig herunter auf den Amboß
und hieb auf das weiche und formbare Stück Eisen. Nach wenigen
Sekunden hatte er ihm eine grobe Form verliehen, und später nahm
ich wahr, daß es ein Wetterhahn wurde. Der Körper blieb schlank und
langgezogen, die Schwanzfedern waren vom Wind gezaust, an das
Standbein hatte er einen Dorn geschmiedet. Den angewinkelten Fuß
trug der Hahn hocherhoben, als wolle er gerade weglaufen. Kamm
und Backenlappen fertigte Vater aus angekrümmten Kleinteilen.
Es ging alles sehr schnell, und doch hatte es Gesicht. Als Vater fertig
war, senkte er den Hahn in den Löschtrog neben der Esse. Es zischte
und dampfte wie immer, und das Wasser sprudelte und gischtete auf.
Bald durfte ich ihn herausholen.
»Er gehört dir!« sagte mein Vater.
Ich freute mich wie ein reicher König. Der Hahn war wirklich wunderschön, und es war eigentlich viel zu schade, daß ich ihn aufs Dach
stellen sollte.
»Den hast du wirklich prima geschmiedet«, lachte ich meinen Vater an.
»Das Feuer ist die Hauptsache«, meinte er, »ohne Feuer kann ich das
grobe Metall nicht zum feinen machen, ich kann nichts verwandeln,
nichts verdichten, nichts verändern, verstehst du?«
Mein Vater schaute mich an. Damals habe ich es verstanden und doch
nicht ganz verstanden. Heute verstehe ich es ein bißchen.
Eines Tages verstarb der beste Freund meines Vaters. Wir waren sehr
betroffen, und Vater sprach nichts mehr. Er war traurig und sinnierte

vor sich hin und war gleichzeitig gespannt bis zum Zerreißen. Er verkroch sich in die Schmiede. Plötzlich begann er mit besonderer Härte zu arbeiten. Mächtige Schläge dröhnten durch die Gewölbe. Ich sah, wie er zwei Riesenstücke schweren Eisens in die Esse stieß und den Blasebalg bediente, als wolle er den Rauchfang zum Glühen bringen. Das Feuer durchdrang das Metall gelbglühend. Die ganze Esse stand in einem hellroten Flammenmeer. Dann zog Vater die Eisen heraus, hieb mit Riesenkräften und mit unverminderter Wucht auf die Metallstücke. Seine ganze Ohnmacht, all seine Wut und Traurigkeit packte er in seine verzweifelten Hammerschläge. Trotz seiner Besessenheit und Stärke konnte er den Tod nicht rückgängig machen. Zum Schluß war er ermattet und erschöpft. Der Schweiß rann ihm in Strömen übers Gesicht, Haare und Nacken.

Er hatte ein großes Grabkreuz geschmiedet. Das senkrechte und waagrechte Eisen war so zusammengenietet, als wäre es eins. Es gefiel mir besonders gut, nicht nur weil es Vater gemacht hatte, sondern weil es so schön einfach und schlicht war.

Ich habe später nie mehr ein solches Kreuz gesehen, aber die erneuernde Kraft des Schmiedefeuers, seine flammende und durchscheinende Helligkeit sind mir im Gedächtnis geblieben.

Auch über den Satz, daß wir ohne Feuer das Grobe nicht zum Feinen hin verwandeln können, denke ich noch heute nach.

Kurt Hock

Aus: Kurt Hock, Ein Schnabel voll Sonne, Verlag Herder, Freiburg 1985.

(3) Die Kochstelle

In unserer Kochecke brennt das Kochfeuer.
Wir heizen mit Kohle oder Holz. Es duftet und raucht.
Im Kessel bruzzelt das Essen oder Wasser für Tee oder zum Waschen.
Uns macht es Spaß, draußen zu kochen.
Aber viele Menschen sind dazu gezwungen, weil sie weder Haus noch Herd haben.
Gott, gib ihnen Holz und Nahrung und ein festes Haus.
Amen.

Jungpfadfinder, Schwerte

(4) Das Feuer

Unsere Feuerstelle ist ein Kreis von Steinen.
Feuer ist ein gefährliches Element, deshalb die Steine, die es umgrenzen.
Die nicht lebendigen Steine hüten das lebenspendende Feuer.
Es strahlt Licht, Wärme und Geborgenheit aus, und in wilderen Gegenden schützt es vor wilden Tieren.
Wir versammeln uns um das Feuer, um zu erzählen und zu singen.
Wenn wir Nachtwache haben, wird es zum Wachfeuer.
Gott, wir danken dir für unsere Gemeinschaft und für das Feuer in unserer Mitte. Amen.

Jungpfadfinder, Schwerte

(5) Die heilige Flamme

Da ist ein Mann, der hat davon gehört, daß an einem fernen Ort eine heilige Flamme brennt. Er macht sich auf, um dieses Licht zu sich nach Hause zu tragen. Er denkt sich, wenn du dieses Licht hast, dann hast du das Leben, das Glück.
Nun ist er auf dem Heimweg. Seine Sorge ist, daß die Flamme erlischt.
Er trifft einen anderen, der kein Feuer hat, der friert. Der bittet ihn, ihm von seinem Feuer zu geben. Zuerst will er nicht, er denkt, dieses heilige Feuer für eine so weltliche Sache, das geht nicht. Dann aber gibt er doch. Auf seinem weiteren Weg gerät er in einen schlimmen Sturm. So sehr er auch sein Licht schützt, seine Flamme erlischt.
Nun erinnert er sich des anderen, dem er von seinem Licht abgegeben hat. Den weiten Weg zurück zum heiligen Ort über Meere und Ströme hätte er nicht mehr geschafft. Aber zu dem anderen, dem er geholfen hat, kann er zurück.

(6) Ohne Kirche zu Jesus gehören?

In jener Zeit kam einer zu Jesus und begann zu fragen: »Meister, wir alle wissen, daß du von Gott kommst und die Wege der Wahrheit lehrst. Aber was deine Jünger angeht, dein Gefolge oder deine Gemeinde, wie du das nennen magst – so muß ich gestehen, daß mir das nicht besonders zusagt, im Gegenteil. Erst kürzlich hatte ich wieder eine heftige Auseinandersetzung mit einem deiner Getreuen. Und wie jeder weiß, sind sich deine Jünger untereinander auch nicht immer einig. Ich möchte deshalb ganz offen fragen: Kann man nicht auch so zu dir gehören, ich meine, ohne besondere Beziehungen mit deinen sogenannten Anhängern zu unterhalten. Ich möchte dir schon folgen und sozusagen ein Christ sein, aber ohne die sogenannte Gemeinde, ohne Kirche und all das ...!?«

Da sah ihn Jesus aufmerksam an. »Hör zu«, sagte er dann, »ich will dir eine Geschichte erzählen:

Da waren ein paar Männer, die saßen eines Tages im Gespräch zusammen. Als nun der Abend kam und die Dunkelheit hereinbrach, trugen sie Holz herbei zu einem Holzstoß und entfachten ein Feuer. Da saßen sie miteinander, die Glut des Feuers wärmte sie, und der Schein der Flammen erhellte ihre Gesichter. Da war aber nun einer unter ihnen, der wollte nicht länger im Kreis bei den anderen sitzen, sondern für sich allein. So nahm er einen brennenden Holzspan vom gemeinsamen Feuer und setzte sich damit abseits, fern von den andern. Der glimmende Span leuchtete auch ihm und strahlte Wärme aus. Bald aber ließ die Glut nach, und der alleinsitzende Mann spürte erneut die Dunkelheit und die Kälte der Nacht. Da besann er sich und nahm das schon erkaltete Stück Holz und trug es zurück in die Glut des großen Feuers, wo es sich erneut entzündete und Feuer fing und zu brennen begann. Und der Mann setzte sich wieder in den Kreis der andern. Er wärmte sich auf, und der Schein der Flammen erhellte sein Gesicht.«

Und Jesus fügte hinzu: »Wer zu mir gehört, ist dem Feuer nahe. Ja, ich bin gekommen, um das große Feuer auf der Erde zu entzünden, und wie sehr sehne ich mich danach, es hell auflodern zu sehen!«

Lothar Zenetti

Aus: Lothar Zenetti, Die wunderbare Zeitvermehrung, 3. Auflage 1987, © J. Pfeiffer Verlag, München.

(7) Es brennt

Es waren einmal Streichhölzer, voller Tatendrang und Idealismus. »Es ist so kalt in der Welt«, sagten sie. »Die Menschen brauchen uns. Was also stehen wir unnütz hier herum. Wir können anstecken, Licht machen, Wärme bringen. Warum zögern wir noch?«

»Au prima«, riefen alle durcheinander, »fangen wir an!«

»Ich laufe nach drüben zur Grillparty!« rief das eine.

»Und ich, ich gehe zu der jungen Familie.«

»Ach, ihr mit den großen Plänen!« warf ein anderes Streichholz dazwischen. »Mir genügt es völlig, wenn ich dem Mädchen dort die Zigarette anstecke.«

Und so redeten sie alle noch recht lange. Dem Streichholz ohne große Absichten wurde das zuviel. Und so ging es zu dem Mädchen. Das Mädchen nahm es und zündete es an. Doch es beachtete nicht den heftigen Wind. Und so blies der Wind das Streichholz aus. »Verflixt!« murmelte das Mädchen und warf das Streichholz fort.

Das andere Streichholz lief zur Grillparty. Einer der Partygäste riß es an und hielt es an die Kohle. Aber die Kohle war feucht und wollte nicht brennen. Und weil er es zu spät wegwarf, verbrannte der Partygast sich den Finger.

Das dritte Streichholz lief zu der jungen Familie, um Wärme zu bringen. »He, Mann«, rief die junge Frau, »wofür brauchen wir Streichhölzer. Wir haben doch eine Ölheizung!« Rief's und legte das Streichholz in die hintere Ecke des Küchenschrankes. »Wenn du mal Feuer brauchst, ich habe das Streichholz hinten in den Schrank gelegt!«

Die anderen Streichhölzer hatten die Bemühungen ihrer Freunde verfolgt. Dem ersten Streichholz gönnten sie wegen seiner »bescheidenen« Hochnäsigkeit, daß der Wind es ausgeblasen hatte.

Das Streichholz, das zur Grillparty gelaufen war, bedauerten sie ein wenig, obwohl einige meinten, daß auch ihm recht geschehen sei, denn was habe es bei diesen sturen Knackern verloren. Vor allem aber sei es schön, daß der Kerl sich die Finger verbrannt habe.

Die Gleichgültigkeit der jungen Frau aber machte sie ärgerlich und betroffen. »Wir wollen Wärme bringen und können es nicht, weil man uns nicht will oder weil wir uns zu ungeschickt anstellen. Was sollen wir bloß tun, wie sollen wir's bloß machen?« Und so redeten sie hin und her.

Bald hielten einige der Streichhölzer es nicht mehr aus. Einige von ihnen liefen zur Party, andere zu dem Mädchen. Aber immer noch war die Kohle zu feucht, blies der Wind zu heftig. Ein Streichholz nach dem anderen verlosch.

Bis einem der Streichhölzer eine Idee kam. Es trug sie den anderen vor. Die einen nickten zustimmend, andere schauten bedenklich. Einwände wurden laut, Gegenvorschläge gemacht, hin und her überlegt. Und dann – dann setzten die Streichhölzer sich in Bewegung. Sie gingen alle zur Grillparty. Eines der Streichhölzer sagte: »Wenn wir alle auf einmal brennen, dann muß auch die Kohle Feuer fangen. Versuchen wir es!«

Gesagt, getan. Einer der Partygäste riß alle Streichhölzer auf einmal an, eine große, heftige Flamme zischte auf. Und, ob sie wollte oder nicht, die Kohle brannte.

Inzwischen hatte einer der Partygäste, denen allmählich wärmer wurde, das Mädchen entdeckt, das seine Zigarette nicht ans Brennen bekam. »Hallo, brauchen Sie Feuer ...? Kommen Sie doch zu uns! Wir haben Feuer!«

Aus: Damit es brenne. Werkbuch zur Firmvorbereitung, 1983, BDKJ-Verlag, Paderborn.

(8) Der Zirkus brennt

Ein Reisezirkus brach in Flammen aus, nachdem er sich am Rande eines dänischen Dorfes niedergelassen hatte. Der Direktor wandte sich an die Darsteller, die schon für ihre Nummer hergerichtet waren, und schickte den Clown ins Dorf, um Hilfe beim Feuerlöschen zu holen, das nicht nur den Zirkus zerstören, sondern über die ausgetrockneten Felder rasen und die Stadt selber vernichten könnte. Der angemalte Clown rannte Hals über Kopf auf den Marktplatz und rief allen zu, zum Zirkus zu kommen und zu helfen, das Feuer zu löschen. Die Dorfbewohner lachten und applaudierten diesem neuen Trick, durch den sie in die Schau gelockt werden sollten. Der Clown weinte und flehte, er versicherte, daß er jetzt keine Vorstellung gäbe, sondern daß die Stadt wirklich in tödlicher Gefahr sei. Je mehr er flehte, desto mehr johlten die Dörfler, bis das Feuer über die Felder sprang und sich in der Stadt selbst ausbreitete. Noch ehe die Dörfler zur Besinnung kamen, waren ihre Häuser zerstört.

Harvey Cox

Aus: Harvey Cox, Stadt ohne Gott? Kreuz Verlag, Stuttgart 1966.

(9) Genug Asche?

Ein Mensch, dem das Lachen vergangen war, rannte vor Aschermittwoch in alle Kirchen, die er erreichen konnte. »Habt ihr genügend Asche für die vielen Büßer geweiht, die kommen müssen? Die Welt ist wieder schlechter geworden. Dieses Jahr reicht die Asche nicht. Sie kann gar nicht reichen!« Und er fiel auf die Knie und betete zu Gott, daß die Asche ausreichen möge.

»Sie reicht«, sagten die Pfarrer gelassen, die die Anzahl ihrer Kirchenbesucher genau kannten.

Und sie hatten recht. Das meiste blieb nach Verteilung der Aschenkreuze sogar noch übrig.

Aber am Abend betete der Mensch wieder zu Gott, daß die Asche ausreichen möge.

Thomas Klocke

Aus: Thomas Klocke/Johannes Thiele, Mit Kindern durch das Kirchenjahr, 1982, © J. Pfeiffer Verlag, München.

4. Lieder/Tanz und Musik

(1) Feuer auf die Erde zu werfen

T: Lukas 12,49   M: Winfried Pilz
Rechte im Verlag Haus Altenberg, Düsseldorf.

Tanzbeschreibung:

Alle stehen mit Abstand auf der Kreisbahn. Front nach außen und halten in der Hand ein rotes, gelbes oder oranges Tuch. Ein Ende des Tuches bleibt immer in der Hand.

1. Teil: Die Tücher werden in einem hohen Bogen über den Kopf mit einer Drehung nach links in den Innenkreis geführt.
2. Teil: In umgekehrter Reihenfolge werden die Tücher wieder mit einer Drehung nach rechts außen geführt.
3. Teil: Rückwärts acht kleine Schritte gebeugt in die Mitte gehen, dabei die Tücher am Boden schlängeln. Bei letztem Schritt Drehung nach innen.
4. Teil: Vier große Schritte nach außen gehen und in den letzten vier Taktzeiten die Tücher hoch in die Luft schleudern.

(2) Feuer auf Erden

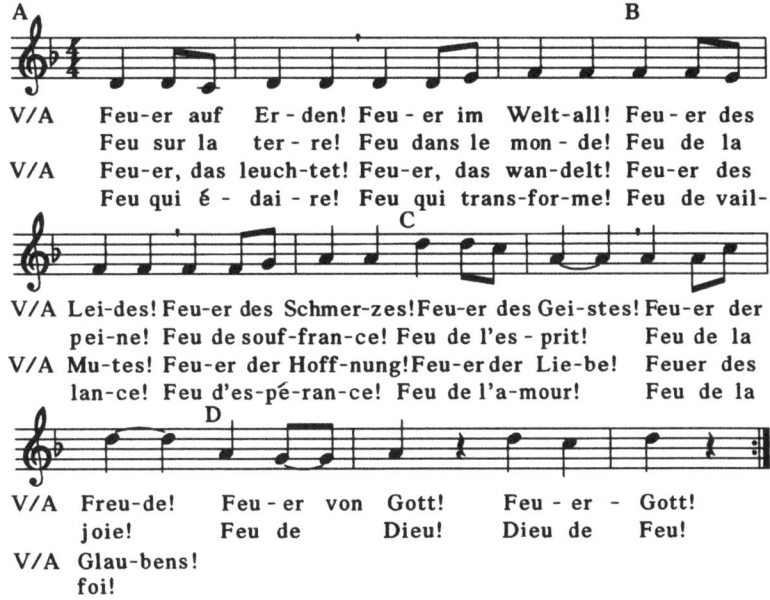

A   **B**

V/A Feu-er auf Er - den! Feu - er im Welt-all! Feu - er des
     Feu sur la   ter - re! Feu dans le mon - de! Feu de la
V/A Feu-er, das leuch-tet! Feu-er, das wan-delt! Feu-er des
     Feu qui é - dai - re! Feu qui trans-for-me! Feu de vail-

C

V/A Lei-des! Feu-er des Schmer-zes! Feu-er des Gei-stes! Feu-er der
    pei-ne! Feu de souf-fran-ce! Feu de l'es - prit!   Feu de la
V/A Mu-tes! Feu-er der Hoff-nung! Feu-er der Lie-be!   Feuer des
    lan-ce! Feu d'es-pé-ran-ce! Feu de l'a-mour!   Feu de la

D

V/A Freu-de!   Feu - er von Gott!   Feu - er - Gott!
     joie!   Feu de   Dieu!   Dieu de   Feu!
V/A Glau-bens!
     foi!

T: aus Frankreich M: David Julien
Rechte: Editions Musicals Fleurus, Paris
Rechte für deutsche Fassung: Liturgisches Institut, Trier.

(3) Da, wo ein Brunnen fließt

1. Da, wo ein Brun-nen fließt   und   wo uns ein Feu-er
wärmt,   wo ei-ner teilt sein Brot mit uns,
wo ei-ner schenkt den Wein,   wo ei-ne Stil-le singt,   darin uns ein Wort be - rührt,   da ist es, wo der
Dorn-busch brennt,   wo uns-re Wü-ste lebt.

2. Da, wo in dunkler Nacht,
kein Ufer, kein Stern zu sehn,
wo uns ergreift die Traurigkeit,
Suchen und Fragen stirbt,
wo wir nur Armut sind,
wo Leere nach Fülle ruft,
da ist es, wo der Dornbusch brennt,
wo unsre Wüste lebt.

3. Da, wo die Wege ruhn,
sich kreuzen und neu auftun,
wo eine Freiheit atmen läßt
und wo ein Ziel aufscheint,
wo eine Hoffnung wächst,
wo Aufbruch auf's neu' gewagt,
da ist es, wo der Dornbusch brennt,
wo unsre Wüste lebt.

4. Da, wo ein Ruf ergeht,
   zu tun, was uns möglich scheint,
   wo wir bereits in Wort und Tat
   heute den Frieden baun,
   wo wir mit kleiner Kraft
   gemeinsam das Gute tun,
   da ist es, wo der Dornbusch brennt,
   wo unsre Wüste lebt.

5. Wo das Geheimnis lebt,
   Geborgenheit uns umfängt,
   wo wir des Vaters Kinder sind,
   da ist Gott jedem nah,
   ist, wo der Dornbusch brennt,
   wo unsre Wüste lebt,
   ist, wo wir seinen Namen hörn:
   »Ich bin für euch da.«

T: P. Michael Hermes OSB   M: aus Israel
Rechte beim Autor.

(4) Musik

– Johann Sebastian Bach, Orchestersuite Nr. 1 C-Dur, 1. Satz:
  Ouverture
– Johann Sebastian Bach, Orchestersuite Nr. 3 D-Dur, 3. Satz:
  Gavotte
– Jede andere Musik, die an Feuer erinnern kann.

(5) Feuertanz

Musik: Johann Sebastian Bach, Orchestersuite Nr. 3 D-Dur

Tanzbeschreibung:

Alle stehen im Kreis. Front zur Kreisbahn. In jeder Hand ein Stöckchen, an das rote, gelbe und orange Kreppapierbänder gebunden sind.

– Sechzehn Schritte rechts herum auf der Kreisbahn gehen, die ersten acht Schritte aufrecht, die zweiten acht Schritte gebeugt, dabei dann die Stöckchen in jeder Hand leicht auf und ab bewegen. Am Schluß Drehung mit der Front nach innen.

229

– Acht Schritte in die Mitte gehen, dort Drehung und die Stöckchen
  dabei schwungvoll nach oben führen.
– Acht Schritte nach außen gehen, die Stöckchen dabei über dem
  Kopf schwenken. Von vorne.

(6) Freie Improvisation

Musik: Johann Sebastian Bach, Orchestersuite Nr. 1 C-Dur, 1. Satz.

Tanzbeschreibung:

Alle stehen im Raum verteilt und halten in ihren Händen ein gelbes
und ein oranges Tuch. Zur Musik können jetzt in freier Bewegung
und Improvisation die Bewegungen des Feuers von der Glut bis zur
lodernden Flamme nachgeahmt werden.

(7) Verklanglichung: Feuer

Vorstellung:	**Verklanglichung:**
Holz wird zusammengetragen.	*Klanghölzer*
Ein Streichholz wird entzündet.	*Ton einer Triangel*
Eine kleine Flamme entsteht.	*Arpeggio auf den hohen Tönen eines Sopranglockenspieles*
Die Flammen lodern immer höher.	*Das Arpeggio wird von den tieferen Tönen und den anderen Stabspielen (Xylophon und Metallophon) übernommen und immer lauter.*
Das Holz knistert.	*Holzblock und Klanghölzer*
Das Feuer prasselt.	*Rasseln*
Die Flammen werden kleiner.	*Die Arpeggien der Stabspiele werden leiser, ein Instrument nach dem anderen hört auf.*
Glut	*einzelne verklingende Töne auf dem Glockenspiel*
Asche	*Reiben mit der Handfläche auf einer Handtrommel*

(8) Verklanglichung: Der Zirkus brennt

Siehe Abschnitt 3 Nr. 8.

Vorstellung:	**Verklanglichung:**
Clown	*eine Melodie auf der Flöte*
Zirkus	*Melodie auf dem Metallophon*
Feuer	*Arpeggio auf Xylophon und Glokkenspielen*
Dorfbewohner	*Trommeln und Klanghölzer*

Die Dynamik des Musizierens steigert sich und fällt mit der Dynamik der Geschichte. Die Instrumente spielen teilweise gleichzeitig, so wie im Gespräch ...

(9) Verklanglichung: Ohne Kirche zu Jesus gehören?

Siehe Abschnitt 3 Nr. 6.

Vorstellung:	**Verklanglichung:**
Holz wird zusammengetragen.	*Klanghölzer*
Die Männer entfachen ein Feuer (entzünden, kleine Flamme, große Flamme, prasseln, Knistern, Glut).	*(Siehe Feuerdarstellung unter Nr. 7.)*
Einer sondert sich mit einer kleinen Flamme ab.	*Zwei Töne wiederholt auf dem Glockenspiel.*
Die kleine Flamme wird weniger und verlöscht.	*Die beiden Töne werden leiser und hören schließlich ganz auf.*
Dunkelheit und Kälte	*Rasseln*
Das kleine Holzstück erhält wieder Feuer.	*Zwei Töne auf dem Glockenspiel werden wieder lauter und verklingen im großen Feuer, das jetzt wieder lauter erklingt.*

(10) Verklanglichung: Die drei Jünglinge im Feuerofen

Siehe Abschnitt 5.

Das Bild »Die drei Jünglinge im Feuerofen« von Thomas Zacharias wird betrachtet. Die einzelnen Farben und Figuren benannt und dazu nach Möglichkeiten der Verklanglichung gesucht, z.b. dumpfe Töne für die dunkle Farbe des Ofens, ein Instrument für den König, eines für die drei Jünglinge.

Alle Instrumente werden erst einzeln gespielt und dann als Klangbild zusammengesetzt.

5. Bilder

- Foto eines Feuers, das Gemütlichkeit ausstrahlt
  (Lagerfeuer, Kaminfeuer)

- Foto eines vernichtenden Feuers
  (Waldbrand, Steppenbrand, Hausbrand ...)

- Foto eines Feuers in der Osterliturgie

- Sr. Charis Schmitt: Feuer
  Aus: Der Sonnengesang des Franz von Assisi (Bildmappe), RPA-Verlag, Landshut 1983.

- Manfred Boiting: Schenk uns deinen Geist.
  Aus: Burkhard Schönwälder (Hg.), Bilder des Glaubens – Wirken des Geistes, Dia-Serie und Arbeitshilfe zu den Bildern des Werkbuches: Firmung – Schenk uns deinen Geist, Bistum Essen, Seelsorgeamt 1988.

- Eva Degenhardt: Der Feuerkreis
  Aus: Wilhelm Böhm, Lieder, Texte, Bilder zum Kirchenjahr III: Die Osterzeit und das Pfingstfest, av-edition, München/Offenbach 1988.

- Marc Chagall: Der brennende Dornbusch
  Aus: Hubertus Halbfas, Religionsbuch 3. Schuljahr, Patmos Verlag, Düsseldorf 3. Auflage 1989.

- Rosemarie Müller: Der brennende Dornbusch
  Aus: Ich aber sage euch. Biblische Geschichten mit Batiken zu den 10 Geboten, Butzon & Bercker/Agentur des Rauhen Hauses, Kevelaer/Hamburg 1990.

- Thomas Zacharias: Die drei Jünglinge im Feuerofen
  Aus: 24 Holzschnitte zur Bibel, Kösel-Verlag, München.

- Thomas Zacharias: Geistsendung (Linolschnitt)
  Aus: Burkhard Schönwälder (Hg.), Bilder des Glaubens – Wirken des Geistes, Dia-Serie und Arbeitshilfe zu den Bildern des Werkbuches: Firmung – Schenk uns deinen Geist, Bistum Essen, Seelsorgeamt 1988.

6. Gestalten/Malen/Basteln

(1) Gestaltung der Mitte

- ein Feuer anzünden (im Freien)
- aus Tüchern, Holz und Steinen ein Feuer nachbauen
- ein Bild/Poster eines Feuers
- eine Schale mit Asche
- aus Tüchern oder hellgelbem Tonpapier einen Blitz legen, auf einem dunkelblauen Untergrund

(2) Bilder nachmalen

Siehe Abschnitt 5.

- Eva Degenhardt: Der Feuerkreis
- Thomas Zacharias: Die drei Jünglinge im Feuerofen
- Thomas Zacharias: Geistsendung

(3) Bilder malen

(Pinsel, Wasserfarben/Kreiden, Papier)

Themen, die gemalt werden können:
– Feuer
– Waldbrand
– Mose am brennenden Dornbusch
– ein Blitz entzündet einen Wald
– Die Feuersäule begleitet das Volk Gottes auf dem Weg
– Die drei Jünglinge im Feuerofen
– Feuer der Liebe

(4) Aus Asche ein Bild malen

Material:
Holz, Papier zum Verbrennen, Papier zum Malen

Methode:
Holz und Papier werden zu einem kleinen Feuer geschichtet und verbrannt. Mit den Fingern wird dann aus der Asche ein Bild gemalt.

(5) Reißbild: Feuer

Material:
braunes, rotes, gelbes und oranges dünnes Papier, großer Bogen weißes Papier, Klebstoff

Methode:
Aus dem farbigen Papier kleine Schnipsel reißen. Den Umriß eines Feuers auf dem großen Papierbogen andeuten und in dieser Form mit den Papierschnipseln bekleben.

(6) Fensterbild: Feuer (Transparentpapier)

Material:
Transparentpapier in den Farben braun, gelb, orange, rot, Klebstoff

Methode:
Das Transparentpapier in Schnipsel reißen und dann in Form eines Feuers übereinander kleben. Man kann dieses Fensterbild in einem Rahmen herstellen oder mit leicht lösbarem Klebstoff direkt auf ein Fenster kleben.

(7) Feuercollage aus Namen-Flammen

Material:
rotes, gelbes, oranges, braunes Tonpapier, großer Bogen Papier, Klebstoff, Stifte

Methode:
Jede(r) schneidet sich aus dem bunten Tonpapier eine kleine Flamme und schreibt darauf den eigenen Namen. Auf dem großen Bogen Papier sind braune Streifen Tonpapier als Holzstoß zusammengeklebt worden. Darüber kleben jetzt alle ihre Flammen, so, daß ein großes Feuer entsteht.

(8) Naturcollage zum Lied: Da, wo ein Brunnen fließt

Siehe Abschnitt 4 Nr. 3.

Material:
großer Bogen Papier, unterschiedliche Naturmaterialien wie Sand/Steine/Wasser/Dornenzweige, buntes Papier, bunte Tücher, Rahmen als Fläche

Methode:
Das Lied wird gesungen, und dann werden die verschiedenen Bilder des Liedes herausgearbeitet und auf eine Tapete geschrieben. Immer wiederkehrende Symbole werden unterstrichen.
In einem Rahmen (Sandkasten/Tablett/Koffer/Tisch o.ä.) werden dann die Symbole aus den unterschiedlichsten Naturmaterialien nachgelegt und einander zugeordnet. Die immer wiederkehrenden Symbole stehen als zentrale Stelle im Bild.

(9) »Feuerlaterne« basteln

Material:
Draht, Transparentpapier, Klebstoff

Methode:
Aus dem Draht wird ein Gestell als Hohlkörper geformt, einer Flamme ähnlich. Darum herum wird dann Transparentpapier in den Feuerfarben gelb, orange und rot geklebt, verbunden mit dem Draht, aber aneinander und aufeinander geklebt. Der Boden wird mit Pappe verstärkt und darauf eine Kerze befestigt.

(10) Den brennenden Dornbusch gestalten

Material:

Dornenzweige, Tücher, kleine Kerzen

Methode:

In die Mitte werden auf braune Tücher oder sandfarbene Tücher Dornenzweige gelegt und dazwischen gelbe und orange Tücher verflochten. Die Geschichte vom brennenden Dornbusch wird vorgelesen, und dann stellt jede(r) Teilnehmer(in) ein Licht im Kreis um diese Mitte.

7. Stilleübungen

L = Leiter(in); TN = Teilnehmer(in). Jede freie Zeile im Sprechtext bedeutet eine längere Sprechpause.

(1) Das Feuer

Alle sitzen im Kreis um eine Mitte, die als Feuer gestaltet ist.
Alle schauen und entdecken die Mitte.
Während L spricht, werden die Bewegungen mitvollzogen.

L spricht:
Warst du schon einmal dabei,
wie ein Feuer entfacht wurde?

Kannst du mit den Händen spielen,
wie die Flamme lodert?
Kannst du spielen, wie das Feuer flackert?

Spürst du die Lebendigkeit?
Spürst du die Unruhe?
Spürst du die Kraft?

Feuer lodert und brennt.
Feuer wärmt und glüht.
Feuer verbrennt und vernichtet.

Feuer schlägt Funken und entzündet.
Feuer ist gewaltig und mächtig.
Feuer züngelt.

Das Licht einer Kerze leuchtet und strahlt.
Das Feuer im Ofen knistert und wärmt.
Um das Lagerfeuer kannst du dich versammeln.
Es macht hell und warm.

Das Feuer sagt:
Entzünde mich!
Achte auf mich!
Ich schütze, und ich kann zerstören.
Ich wärme, und ich kann verbrennen.
Ich leuchte, und ich kann glühen.
Ich bin leise, und ich kann prasseln.

Schwester Ester Kaufmann

Aus: Der Sonnengesang des Heiligen Franziskus, RPA-Verlag, Landshut 1983.

Alle bleiben still sitzen und schauen in die Mitte.

(2) Feuer von Gott

Alle sitzen um eine Mitte, die als Feuer gestaltet ist. Sie schauen und entdecken die Mitte. Dabei wird die Melodie des Liedes »Feuer auf Erden« (siehe Abschnitt 4 Nr. 3) gesummt, der Text des Liedes langsam gesprochen, wieder gesummt und dann vorgesungen und gemeinsam gesungen.

(3) Feuertraum

Alle sitzen um ein brennendes Feuer herum, werden ganz still und schauen in das Feuer und in die Glut.

(4) Feuerbild

Alle sitzen im Kreis um ein gestaltetes Feuer. Jede(r) hat ein Blatt und Stifte vor sich. Eine Musik, die Feuer imitiert (siehe Abschnitt 4 Nr. 4), wird gespielt, dazu beginnen alle, auf ihr Blatt zu malen.

8. Spiel und Aktion

(1) Pantomime: Der Zirkus brennt

Siehe Abschnitt 3 Nr. 8.

Die Geschichte wird vorgelesen und dann pantomimisch dargestellt.
Der brennende Zirkus wird durch feuerfarbene Tücher dargestellt.

(2) Sketch: Es brennt

Folgender Sketch wird nachgespielt:
Der Untermieter klopft ans Wohnzimmer seines Vermieters und fragt
äußerst höflich: »Kann ich bitte eine Tasse Wasser haben?«
Er erhält die Tasse mit Wasser und verläßt das Zimmer.
Das wiederholt sich mehrere Male, der Vermieter wundert sich immer mehr. Schließlich fragt er: »Ja, wofür brauchen Sie denn die Tas-
sen mit Wasser?«
»Ja, wissen Sie«, antwortet der Untermieter, »in meinem Zimmer
brennt es, da muß ich doch löschen!«

(3) Koffertheater: Mose und der brennende Dornbusch

Ein Koffer wird am Boden mit Sand ausgelegt. Dornenzweige als
Dornbusch werden hineingesteckt und rote, gelbe und orange Papierschnipsel bereitgehalten für den Zeitpunkt, wenn der Dornbusch
brennt. Der innere Deckel des Koffers wird mit himmelblauem
Kreppapier und einer Sonne ausgekleidet. Ein Textstreifen mit dem
Gottesnamen »Ich bin da« wird bereitgehalten, um bei der Nennung
des Namens in den Himmel gehängt zu werden.
Die Figur des Mose wird aus Pfeifenputzern und Stoffresten gebastelt, ebenso die Schafe, die er zu hüten hat. Die Geschichte vom
brennenden Dornbusch wird vorgelesen und dann nachgespielt.

(4) Spiel: Die heilige Flamme

Siehe Abschnitt 3 Nr. 5.

Die Geschichte wird als Rollenspiel mit Kerzen nachgespielt.

(5) Sketche zu Feuer-Sprichworten erfinden

Sprichworte und Redensarten zum Feuer werden gesammelt und aufgeschrieben, z.B. »Feuer und Flamme sein«. Dann wird zu jedem Sprichwort eine typische Situation erzählt und versucht, diese Situation nachzuspielen.

(6) Feuerspiel mit Tüchern

Mit roten, gelben und orangen Tüchern sind alle Mitspieler ausgestattet. Eine(r) erzählt, wie das Feuer entfacht wird, alle anderen spielen mit den Tüchern nach, wie das Feuer entsteht und zur Glut wieder zusammensinkt.

(7) Lagerfeuer machen

Gemeinsam wird Holz gesucht, aufgeschichtet und dann als Lagerfeuer entzündet. Am Lagerfeuer singen und Geschichten erzählen.

(8) Gemeinschaftsfeuer

Jeder erhält ein Holzscheit und schreibt darauf seinen Namen. Alle Scheite bilden den Grundstock eines Feuers. Zunächst versucht jede(r), sein (ihr) Holzscheit anzuzünden. Wenn sie brennen, werden sie zu einem Gemeinschaftsfeuer zusammengelegt. Danach ein Gespräch über die Eigenschaften des Feuers führen.

(9) Osterfeuer machen

Am Ostermontag auf freiem Feld ein großes Osterfeuer entfachen.

(10) Über offenem Feuer kochen

Ein nicht zu großes Feuer anzünden und darüber einen Eintopf kochen oder ein Spiegelei braten.

(11) Einem Schmied bei der Arbeit zusehen

Gemeinsam einen Schmied besuchen und ihm bei der Arbeit zusehen. Dabei besonders auf das Feuer achten, wie es das Eisen zum Schmelzen bringt.

(12) Asche aus Palmzweigen

Trockene Palmzweige verbrennen. Aus der Asche sich gegenseitig ein Kreuz auf die Stirn zeichnen oder ein Kreuz als Bild malen.